¡DÉJAME HABLAR!
Por Marcos Vergara

Diseño e Ilustración de tapa por Pedro Segundo Inchauspe
Contacto: segundocalvo@gmail.com
Web: www.behance.net/pedrosegundo

© 2012 Marcos Vergara del Carril.
Todos los derechos reservados. Ninguna parte de esta publicación, incluido el arte de tapa, puede ser reproducida o transmitida en manera alguna ni por ningún medio sin el consentimiento previo del autor, salvo en el caso de breves citas periodísticas o académicas.

Registrado en la Biblioteca del Congreso de los Estados Unidos de Norteamérica con el número TXu001828721, el 11 de septiembre de 2012.

Impreso en los Estados Unidos de Norteamérica.

Contacto: vergara2011@lawnet.ucla.edu

A Fitou.

A mis abuelos, y todos los que vinieron después.

ÍNDICE

Prólogo 4

Capítulo 1: "Pegame y decime comunista" 10

Capítulo 2: "El diario es mío y sólo mío y digo lo que quiero, galán" 18

Capítulo 3: "¡Cuidado con lo que decís!" 24

Capítulo 4: Las 7 malas palabras de la discordia 25

Capítulo 5: "¿Soy obsceno o indecente?" 31

Capítulo 6: "Señores padres: Aquí finaliza el horario de protección al menor..." 40

Capítulo 7: "Bono: Andá a lavarte la boca con agua y jabón" 50

Capítulo 8: "My name is Chip, V-Chip" 60

Capítulo 9: 0-800-Sabrina in Love 67

Capítulo 10: El imperio Playboy 75

Capítulo 11: Cable on the rocks: 1/3 Gancia, 1/3 whisky, 1/3 pomelo 85

Capítulo 12: David Copperfield 101

Capítulo 13: Monopolio diabólico 107

Capítulo 14: "¡Ya tengo el poder!" 118

Capítulo 15: "Querida: Agrandé a los niños" 126

Capítulo 16: "Hola: Mi nombre es Internet" 157

Capítulo 17: Internet Reloaded! 168

Capítulo 18: Nacionalidad de Internet, ¿la neutralidad suiza? ...179

Capítulo 19: Round 1: Fight! ¿Votás por Street Fighter o Mortal Kombat? 190

Bibliografía 215

Prólogo

¿Cuántas veces escucharon la siguiente historia? Un grupo económico propietario de varios medios de telecomunicaciones se enamora del gobierno de turno, y luego de una prolongada y adorable luna de miel entran en una eterna guerra dialéctica y cada uno le desea al otro el peor de los males. Se parecen a esa pareja que estaba perdidamente enamorada, que se mimaba y juraba amor eterno, pero que después de unos años de convivencia ya no se pueden ver, no se soportan, y de manera fatal se pide el urgente divorcio, en donde las dos partes iniciarán una lucha con sadismo en la cual querrán aniquilarse mutuamente y buscarán quedarse con todos los juguetes creados en la época donde había paz y se hacían el amor mañana, tarde y noche. ¿Les suena familiar esta historia?

Hoy día tenemos una realidad inobjetable: dado el asombroso avance tecnológico, las leyes que regulan los medios de telecomunicaciones en todo el mundo necesitan una vuelta de tuerca. Pongamos el ejemplo de Argentina, que viene de hacer una importante modificación a su ley de medios, discutida a diestra y siniestra por gente de todos los colores políticos. Argentina, como muchos países, necesitaba con urgencia una reforma, y no porque era, en su caso, una ley "de la dictadura", sino más bien porque era una ley vetusta, haya sido sancionada con o sin dictadores. ¿Nos damos cuenta del inmenso avance de la tecnología desde la sanción de su ley de medios en el año 1980 hasta esta fecha? Para darnos una idea, la "nueva" Ley de Telecomunicaciones de los Estados Unidos fue sancionada en 1996, y en dicho país están tirándose de los pelos porque su ley no tiene ningún capítulo que regule algo que se llama Internet (¿les suena Internet?).

Frente a semejante ausencia, la Comisión Federal de Comunicaciones (FCC) (*Federal Communications Commission*), ente supervisor de las telecomunicaciones en los Estados Unidos, intenta regular y definir a través de malabares y manotazos de ahogado a cosas como Skype, VoiP Stunt, la televisión por Internet, y largos y novedosos etcéteras. Y esta ley se sancionó en 1996. Sin dudas, todos los países deben mirarse al espejo y darse cuenta que necesitan hacer una buena cirugía estética a sus normas vinculadas con los medios y así definir a todas estas nuevas criaturas.

Lógicamente, hacer un *lifting* a una norma que no sólo va a determinar algo tan drástico como quiénes, cuándo, cómo y qué podemos ver y escuchar, sino que también tendrá una bestial trascendencia económica para la gigantesca industria de las telecomunicaciones, va a engendrar inevitablemente una gran batalla parlamentaria y ciudadana.

Para enriquecer el debate sobre la importancia de la regulación de los medios de telecomunicaciones propongo mostrar la cara de un país que suele ser referencia en este campo. Quiero invitarlos a pasear por los hechos más destacados y controvertidos que fueron moldeando a cada medio de telecomunicación en los Estados Unidos, uno de los países más avanzados e innovadores en la materia (basta ver de dónde provienen inventos como Google, Facebook, Apple, Microsoft, Twitter, YouTube, Yahoo! y así podemos seguir toda la noche). Este país goza de una muy rica jurisprudencia en lo que concierne a la libertad de expresión y a los distintos medios de telecomunicaciones: radio, televisión abierta, cable, televisión satelital, Internet y los videojuegos.

Vamos a encontrar jueces resolviendo situaciones insólitas, divertidas, y hasta ridículas, pero todas han colaborado para aplicar e interpretar la Ley de Telecomunicaciones del Tío Sam, sancionada en 1934 y modificada por última vez en el año 1996, complementada con varias órdenes y normativas secundarias que van regulando ciertos aspectos de Internet (entre ellos, la batalla de esta década: la neutralidad en dicho medio). Habrá historias de 0800-eróticos, el nacimiento del horario de protección al menor por culpa de unas invectivas lanzadas por un famoso comediante; vamos a ver cómo Playboy fue a la justicia para no perder su clientela en la tele por cable, la creación de Internet y la perplejidad de los jueces frente a este nuevo medio, la llegada de videojuegos cada vez más reales, ofreciendo aventuras plagadas de torturas y reconstrucciones de hechos lamentables, como la matanza en Columbine High School, en donde vos podés jugar a ser uno de los dos estudiantes que asesinaron a balazos a doce personas e hirieron a otras veintitrés.

Pero sobre todo veremos algo muy humano: la moral y los valores juegan un rol muy destacado frente a temas que involucran cosas como la indecencia, la violencia o la obscenidad. Y es por ello que en ciertas ocasiones uno podría considerar que estos valores o cierta vara moral parecieran tergiversar la interpretación que uno puede llegar a tener sobre una determinada ley.

Por otro lado los jueces se verán superados por llevar una gran desventaja: los tiempos de fermentación de una ley son mucho más lentos que el infernal avance al galope de la tecnología, y es muy complejo desde el plano jurídico seguirle el paso a las constantes innovaciones en el mundo de las telecomunicaciones: lo de hoy ya es el ayer. Todo esto influirá en los jueces. ¿No me creen? Vení a verlo, diría un candidato a la presidencia de Argentina en 2011.

Vamos a ver cómo leyes que son gemelas, casi un calco, pero que regulan contenidos distintos (por un lado la pornografía; por otro, la violencia), mágicamente llegan a puertos diferentes una vez que el capitán del barco –la Corte Suprema de los Estados Unidos– decide qué dirección tomar. Veremos que en ciertas ocasiones la Justicia tirará por la borda a los casos con más pruebas, mientras que dejará en el barco a los marineros que ofrecieron sólo migajas para sostener su inocencia, simplemente porque el capitán del barco considera (con sus fundamentos jurídicos, sociológicos, económicos y morales) que deben salvarse.

A lo largo de la historia habrá varios palos en la rueda y desgraciadamente la justicia podrá tomar en ciertas ocasiones el camino equivocado. Por ejemplo, en 1857 la Corte Suprema de los Estados Unidos decidió en *Dred Scott v. Sandford* que (i) los esclavos negros no estaban protegidos por la Constitución, (ii) jamás podrían ser ciudadanos de los Estados Unidos, (iii) eran propiedad privada de sus dueños y (iv) no podían ser despojados de éstos sin el debido proceso. En otro ejemplo del mismo calibre, la Corte Suprema de los Estados Unidos tomó, en 1896, otro de esos caminos equivocados en *Plessy v. Ferguson*. Allí, el mayor organismo judicial de ese país bendijo a la segregación racial con la frase tristemente célebre de *separate but equal* (iguales, pero separados). Recién en 1954 –tardaron nada más y nada menos que 58 años– taparon el error, cuando en *Brown v. Board of Education* los nueve jueces de la Corte decidieron por unanimidad y alivio de todos acabar con ese dislate del *separate but equal*. El horror de *Dred Scott* (1857) se solucionó en menos tiempo, y a través de otros medios: una reforma constitucional en 1868.

Es así que el propósito de este libro es pasear por las sentencias judiciales y regulaciones de enorme trascendencia en la historia de las telecomunicaciones. No podemos negarlo: al ser Estados Unidos el pionero tanto de la producción como de la regulación de los contenidos radiales y audiovisuales, muchas de estas decisiones tuvieron y seguirán teniendo un impacto mundial. Basta ver de dónde provienen las series y películas más taquilleras o citar algún episodio de Los Simpson en una reunión multicultural y confirmar que absolutamente todos saben de qué estás hablando.

Buscamos hacer este paseo con un lenguaje lo más alejado posible de los enjambres y tecnicismos jurídicos que pueden brindar confusión. Por eso intentaremos contar estas historias de la manera más "ilegal" posible. El fanatismo que tenemos los abogados de usar palabras rimbombantes y frases en latín cuya única utilidad es complicar las cosas (decir "le di esto a cambio de lo otro" es mucho más sencillo y comprensible que decir *quid pro quo*) no hace más que alejar al ciudadano carente de una educación jurídica de fascinantes historias que andan sumergidas dentro de los cuentos escritos por quienes fueron, en este caso, jueces de la Corte Suprema de los Estados Unidos, miembros del Congreso de dicho país o comisionados de la FCC.

Un profesor mío decía que cuando entramos en la facultad de Derecho nos practican una lobotomía que nos quita todo el sentido común de nuestro cerebro. Es probable que para ustedes algunas historias de este libro puedan llegar a defender dicha tesis doctoral. ¡Y quizás hayan tenido experiencias similares con sus propios abogados!

También queremos poner sobre el tapete que, así como ocurrió en los casos que mencionamos en párrafos anteriores (*Plessy vs Ferguson* y *Dred Scott v. Sandford*), quizás, dentro de cincuenta o cien años, vamos a observar nuevamente otros casos que están siendo hoy día analizados por nueve seres humanos al comando del barco de la Corte Suprema de Justicia de los Estados Unidos que habrán tomado el camino equivocado. Y puede llegar a ocurrir que esos análisis que haremos en un futuro tengan que ver con un hecho tan vital para una sociedad como la libertad de expresión, el desarrollo tecnológico y la consolidación de los medios de telecomunicaciones. No es un tema para nada menor, y cualquiera de estas decisiones puede determinar qué vamos a poder escuchar o ver. Imagínense si ellos hubieran decidido en la década del ochenta que era ilegal grabar programas en videocasetes; afortunadamente dijeron lo contrario y no sólo la industria del cine y la televisión (que, vaya paradoja, habían demandado para que se prohibiera dicho accionar) se vieron económicamente beneficiadas por el videocasete, sino que el consumidor pudo tener acceso a muchísimo más contenido audiovisual y, por tanto, un mayor acceso a información de distintas fuentes.

Los medios de telecomunicaciones nos alimentan y empapan de información. Si una noticia no está ahí, no existe, está pululando en el éter. Pueden estar pasando hambre en un país recóndito de la tierra o puede haber un dictador de turno en un país con nombre impronunciable que se dedica a matar gente como hormigas, pero si no está en los medios de telecomunicaciones, este hecho pasa a ser tan inexistente o irreal como el dictado de nuestra propia fantasía. Ésa es la fundamental importancia que tienen los medios de telecomunicaciones en nuestra vida diaria, y en el sostén de una sólida democracia.

Y sin más avisos parroquiales empezamos la carrera. Larga primero en la grilla de partida una historia de la Guerra Fría. ¡Campana de largada!

Capítulo 1: "Pegame y decime comunista"[1]

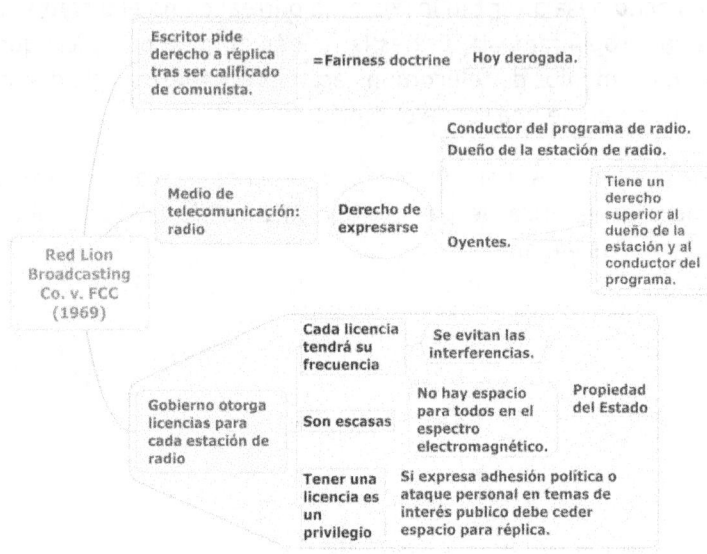

---

[1] Al comienzo de cada capítulo van a tener un cuadro que sintetizará la idea central de cada uno de ellos. Habrá momentos a lo largo de la lectura en los que van a querer unir el hilo conductor de todos los fallos. Espero que los cuadros sean de utilidad.

Corre el año 1969. Los Beatles nos regalan su última obra maestra: *Abbey Road*, mientras John y Yoko se casan en Gibraltar. Por otro lado, mientras se celebra el festival por la Música y la Paz en Woodstock, Neil Armstrong dice: "Un pequeño paso para el hombre, un gran paso para la humanidad" y nos trae gratos recuerdos de Julio Verne al pisar la luna aquel 21 de julio. Un tal Muammar al-Gadaffi empieza a hacer algo de lío por Libia, mientras en Estados Unidos se estrena Plaza Sésamo.

En medio de todo esto aparece una empresa llamada *Red Lion Broadcasting Company*. Tenía una licencia concedida por la *Federal Communications Commission* (FCC), el ente regulador de las telecomunicaciones en Estados Unidos, para operar la radio WGCB en Pennsylvania. Esta radio pasaba un programa llamado *Christian Crusade* (Cruzada Cristiana), conducido por el reverendo Billy James Hargis. En dicho programa radial el reverendo criticó al escritor Fred J. Cook, quien había publicado un libro titulado *Goldwater –Extremist On the Right* (Goldwater, un Extremista en la Derecha).[2]

El reverendo dijo algo terrible, trágico, infame sobre el autor de ese libro: dijo que había trabajado para un diario afiliado al comunismo. "Conmigo no, reverendo Billy James", habrá dicho

---

[2] Barry Morris Goldwater fue un senador republicano caracterizado por su poco apego a los gremios, los programas sociales, el New Deal y sus constantes varapalos al comunismo. Fue senador por el Estado de Arizona y perdió las elecciones presidenciales frente al candidato demócrata Lyndon B. Johnson, un tejano que fue el vicepresidente de John F. Kennedy, asesinado en Dallas el 22 de noviembre de 1963 por Lee Harvey Oswald, quien a su vez fue asesinado dos días después mientras salía de la comisaría por Jack Ruby, un tipo criado en Chicago que manejaba un *nightclub* en Dallas y murió de cáncer de pulmón cuatro años después de dicho asesinato.

don Fred J. Cook, que pasó largas horas escribiendo ese libro sobre "agua de oro" Goldwater.

Por ese entonces, en los Estados Unidos existía algo llamado *fairness doctrine* (doctrina justa), adoptada en 1949 y dejada sin efecto en 1987. Consistía en lo siguiente: si vos en un programa de radio o de televisión abierta presentabas a la comunidad local un tema conflictivo que fuera de interés público, en el caso de que te pusieras de un lado de la historia relatada, el otro bando tenía el derecho a tener minutos en el aire para refutar las acusaciones o hechos informados por tal programa. En fin, se intentaba dar una cobertura justa a las dos partes de una historieta, que no sea que sólo le dejes hablar a un tipo como Goebbels y él te cuente la historia de la II Guerra Mundial (aunque nunca lo podrá hacer porque antes de ser capturado por los Aliados no tuvo mejor idea que liquidar a su mujer, sus 6 hijos y pegarse un tiro, todo esto después de haber sido el propagandista número 1 del nazismo).

Esta fue la herramienta que utilizó el escritor Cook contra el programa de radio. ¡Parecía que tildarte de afiliado al comunismo era algo bastante pesado por ese entonces! De hecho, hoy día perdura. Ser comunista en los Estados Unidos es anatema. Es más, la Ley de Inmigración y Nacionalidad de los Estados Unidos nos alerta que cualquier extranjero será inadmisible y no podrá pisar suelo estadounidense si alguna vez fue miembro del Partido Comunista o sus derivados totalitarios, salvo que hagan una excepción puntual y discrecional a tu caso (para los incrédulos, *googlear* INA 212(a)(3)(D)). Así que señores, si quieren viajar a los Estados Unidos por negocios o placer, ojo con decir que alguna vez fueron simpatizantes del comunismo en la entrevista para obtener la burocrática visa, y no se olviden de decir que Marx era un pervertido, Engels un lunático, Stalin una escoria y Lenin un vulgar pichiruchi.

Pero volviendo a nuestro tema, al escuchar semejantes barbaridades sobre su persona, Cook se consideró atacado y pidió a la *Red Lion Broadcasting Company* salir al aire para defender su postura en el programa del reverendo, quien lo había ultrajado y acusado de rojo. La *Red Lion* le dijo que no, que no le daba ningún minuto en la radio. Cook demandó. Cook ganó.

La Corte Suprema decidió la cuestión en el año 1969. Quien escribió el fallo por la mayoría fue Byron Raymond White[3]. El caso fue bautizado como *Red Lion Broadcasting Co. v. FCC*. Allí la Corte Suprema dijo lo siguiente:

- Este caso involucra a tres partes que quieren tener la libertad de expresarse en un programa radial: (i) el dueño de la estación de radio, (ii) el conductor del programa, y (iii) los oyentes.
- Sí, es cierto, el gobierno les da la posibilidad de decir muchas, muchísimas cosas a quienes les conceden las licencias pertinentes para transmitir un programa de radio, pero el espectro electromagnético (aquel que se usa para la transmisión de la radio, entre otros medios de telecomunicaciones) es escaso. El gobierno no puede otorgar mil millones de licencias para que cada uno diga lo que se le dé la gana. De hacerlo, no habría espacio suficiente y todas las radios interferirían entre sí.
- Para evitar interferencias entre una estación de radio y su estación vecina, el gobierno debe asignar a cada una de ellas una frecuencia determinada. Imagínense una autopista con 15 carriles, pero una vez

---

[3] Bryon Raymond White fue un juez elegido por John F. Kennedy en 1962. Oriundo de Colorado, antes de ponerse la toga se lució como jugador de fútbol americano en la NFL entre 1938 y 1941, jugando para los *Pittsburgh Steelers* y para los *Detroit Lions*. Era uno de los jugadores mejores pagos. Tuvo que colgar los botines porque se fue a la II Guerra Mundial. Al regresar de la guerra pensó que su pasión eran las leyes, e ingresó a la facultad de Derecho en Yale. Llegó a ser el fiscal general del Estado bajo el gobierno de John F. Kennedy, hasta que pegó el salto a la Corte Suprema.

que un auto ocupa un carril, éste ya no puede ser utilizado por los demás autos que están viajando por la misma autopista. Los autos necesitarán ir por alguno de los otros 14 carriles, siempre y cuando no estén ocupados por otros autos.

- Como las licencias son escasas (de lo contrario se generarían interferencias y cada estación radial taparía lo que quiere decir la otra, y los oyentes sólo podrían oír una catarata incomprensible de voces al mismo tiempo), si se te va la mano cuando te expresás en un programa radial y difamás a un tipo hablando pestes de él sobre un hecho de interés público, entonces el difamado debería tener el derecho a usar tu radio para dar su versión de los hechos, ofreciéndole el mismo tiempo que vos hablaste mal de él.

- Con esto no te estamos quitando a vos, dueño de la radio, tu libertad de expresión. No. Si hay 100 tipos que quieren una licencia y están dispuestos a pagarla, pero sólo hay lugar para 10, entonces el privilegiado que logra obtener una licencia debe ceder parte de su espacio si decide decir cosas nefastas sobre otro en un hecho de interés público, como por ejemplo, tildarlo de infame comunista al sacar un libro sobre un importante político.

- Será el derecho a expresarse de los oyentes el que estará, en este caso, por encima del derecho del conductor del programa o del dueño de la radio. Que el gobierno te haya cedido una licencia es un gran privilegio, y vos como dueño no tenés la autoridad para monopolizar lo que vas a decir. No hay nada bajo la Primera Enmienda de la Constitución, que es aquella Enmienda que regula la libertad de expresión, que prevenga al dueño de la radio de presentar los diversos puntos de vista de aquellas voces representativas de la comunidad a la cual se dirige la estación radial.

- Casualmente, la Primera Enmienda se debe esforzar en mantener un "mercado" desinhibido de ideas, a través de las cuales la verdad prevalecerá. Habrá que evitar monopolizar a las ideas, ya sea por intermedio del gobierno o por los operadores privados.

- La Primera Enmienda no es un santuario ni sirve para usarla como arma por quienes son dueños de las estaciones de radio para censurar a quien le dieron palos durante un programa radial al tratar un tema de interés público. En este caso, como habíamos dicho, la radio es un medio de telecomunicación que no está abierto a todos debido a la escasez de licencias que se pueden repartir dentro del espectro electromagnético disponible, y es por eso que debemos hacer una salvedad y dar el derecho a réplica a este autor que fue difamado y atacado por el reverendo tras mencionar un hecho político de interés público. La Primera Enmienda no confiere a los titulares de una licencia radial un monopolio incondicional de un recurso escaso (como es el espectro electromagnético) que ha sido denegado a otros. De lo contrario, estos titulares tendrían un poder ilimitado para dar espacio sólo a los que paguen más, o sólo a aquellos políticos que comulgan con sus ideas.

- Vos, dueño de la radio, sin duda podés argumentar que nos puede salir el tiro por la culata, porque si unos ataques personales o unas editoriales políticas a favor de un candidato van a activar esta obligación de ceder un espacio al otro, entonces vos, como dueño de la radio, te vas a tener que cuidar mucho y quizás no digas varias cosas de las que quisieras informar al público sobre tal o cual candidato (porque eso activaría la obligación de ceder tu espacio). A lo que yo, tribunal, te digo que eso es una mera especulación, que no hay pruebas de que eso haya ocurrido, y si la información no se diversifica y no se hace más prolífica por la sentencia que dictamos hoy, sino que más bien disminuye, entonces vamos a reconsiderar más adelante las consecuencias constitucionales de lo que hoy estamos decidiendo.

Recordemos que la *fairness doctrine* (algo así como un derecho a réplica) está derogada en los Estados Unidos desde 1987. Consideraron que ya no era necesaria porque, según ellos, la diversidad de opiniones estaba completamente servida por la multiplicidad de voces en el mercado. Además declararon que la intromisión del gobierno en el contenido de un programa de radio o televisión abierta restringía la libertad de prensa de los programas que utilizaban las frecuencias del espectro electromagnético (en criollo, los programas que se pasan por radio y televisión abierta). Dicho de otra manera, dejaron a canales como Fox o NBC (dos canales de la televisión abierta en Estados Unidos) decir lo que quisieran sobre cualquier político o sobre cualquier programa electoral sin temor alguno de recibir un llamadito del equipo asesor del político diciendo: "Fox (o NBC, o quien más te guste como ejemplo), querido, lo que estás diciendo es un divague. Dame el mismo tiempo que usaste para decir semejantes barbaridades así el público que te mira tiene la otra campana". Bueno, como dirían en la ruleta, esto "no va más" y los dueños de canales de televisión abierta o radio no tienen más el temor de ofrecer su espacio a alguien con quien no simpatizan (aunque sí existe una regla llamada *Equal Time* que sólo se emplea durante campañas políticas: si un político usa mi canal durante su campaña, su rival tiene derecho a tener el mismo tiempo). Como toda medida, hubo gente que se rasgó las vestiduras, porque aducían que esto iba a generar cierta impunidad por parte de los dueños de estos engendros mediáticos tras decir cosas al aire que, quizás, carecían de sustento o evidencias. Del otro lado de la cancha tenés a la gente que decía que esto brindaba mayor libertad de expresión porque un periodista iba a poder decir lo que se le antojara sin temor de que le quitaran minutos al aire o, peor, el temor a que no le renovaran la licencia porque "no me gusta lo que decís del gobierno". En todo caso, seguirá la vía libre para demandar por difamación cuando el periodista mienta maliciosamente y el difamado decida enfrentarlo en tribunales.

Otro tema para nada menor era el costo por litigios que acarreaba la *fairness doctrine*. Aunque la radio o televisión abierta ganaran los casos en contra de ellas, las costas y gastos de sus asesores legales los tenían que pagar igual. Ésa es la gloria de todo abogado en Estados Unidos: salvo escasas materias, como pueden ser temas de Derechos de Autor o Derecho Tributario, aunque ganes tu caso te tenés que chupar todos los gastos que conlleva el juicio. Por eso es que una enorme batería de casos en Estados Unidos se arreglan antes de ir a tribunales. Nadie quiere jugarse a ganar y, aún así, tener que desembolsar una buena dosis en honorarios y gastos judiciales. Uno no quiere degustar el sabor amargo de ganar un caso y, de golpe, darse cuenta que la factura de su abogado es mayor a lo que ganó después de una ardua batalla en los pasillos de los tribunales.

Fue por ello que en 1987 determinaron que los derechos de los oyentes y televidentes a recibir diversos puntos de vista sobre distintos temas podía lograrse de una manera más eficiente si el gobierno dejaba de meter sus narices con intervenciones varias que determinaran qué expresión podían recibir los oyentes y televidentes ávidos de información.

¿Y cómo habrá tratado la Corte Suprema un caso idéntico, pero que en vez de pasar en un programa de radio transcurrió en un periódico? Vamos a averiguarlo.

Capítulo 2: "El diario es mío y sólo mío y digo lo que quiero, galán"

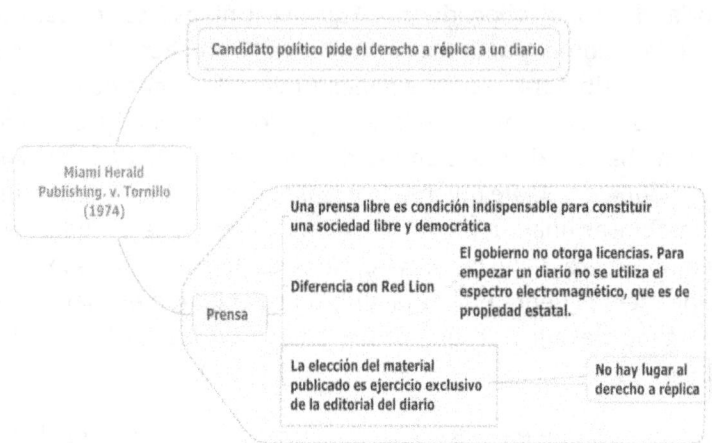

Viajamos cinco años más adelante, año 1974. Richard Nixon renuncia a la presidencia de los Estados Unidos por el escándalo de Watergate. Asume su vicepresidente Gerald Ford, cuya primera acción de gobierno es indultar a Nixon y evita que corra sangre por los palacios justicieros. Del otro lado del continente muere Oscar Schindler, inmortalizado en la película La Lista de Schindler, dirigida por Steven Spielberg y ganadora del Oscar en 1993. Trata sobre la historia de un hombre de negocios alemán que salvó a unos 1.200 judíos del holocausto. En Argentina, a sus 78 años, muere el presidente Juan Domingo Perón. También nacen actores como Leonardo Di Caprio, Penélope Cruz, cantantes como Cristian Castro, y futbolistas como el Burrito Ortega.

Por ese entonces, en el medio de todos esos eventos, una ley del Estado de Florida indicaba que si un periódico criticaba a un candidato político, éste tendría derecho a la misma cantidad de espacio en dicho periódico para defenderse.

Un político de apellido Tornillo, director de la *Classroom Teachers Association* (Asociación de Profesores), decidió presentarse como candidato a diputado. El periódico *Miami Herald* no paraba de darle con un caño en sus editoriales. Tornillo pidió un espacio a *Miami Herald* para ofrecer su réplica. El periódico le dijo que ni en sus sueños le iba a dejar un pedacito de su diario para escribir loas sobre él. El señor Pat Tornillo demandó. Tornillo perdió... ¿pero cómo? ¿No habíamos decidido hace cinco años todas esas cosas muy bonitas de dar el espacio para este tipo de réplicas? ¿Qué tenía de distinto este caso al que vimos en el capítulo anterior sobre Cook y la radio propiedad de *Red Lion Broadcasting*?

La Corte Suprema presentó los siguientes argumentos para sentenciar de manera distinta a lo decidido en 1969. La sentencia estuvo comandada por la pluma de Warren E.

Burger[4]. Esto fue lo que dijeron en el fallo conocido como *Miami Herald Publishing v. Tornillo*:

- Primero, no hicieron una sola cita del caso que comentamos en el capítulo anterior (*Red Lion*). Nada nadita, ni una sola cita, ni una sola mención, *niente*. Curioso, ¿no? Trata sobre el mismo tema, pero uy, mejor hagamos de cuenta que no existe, ¿dale?
- Afirmaron que los diarios se volvieron poco competitivos (en otras palabras, dijeron que es difícil, por no decir imposible, ganarle al periódico masivo del lugar, como puede ser *Los Angeles Times* en Los Ángeles o *New York Times* en Nueva York). Al mismo tiempo dijeron que los diarios consiguieron un enorme poder de influencia sobre los ciudadanos en "*la capacidad de manipular la opinión popular y cambiar el curso de los sucesos*" (con esta frase uno puede entender por qué los políticos usan sus tentáculos para tener presencia y dominio en los medios).

---

[4] Republicano. Oriundo de Minnesota, se graduó de abogado en St. Paul (hoy William Mitchell College of Law). En 1955 fue elegido por el entonces presidente Eisenhower para formar parte de la Cámara Federal de Apelaciones del Distrito de Columbia. En 1969 tuvo un premio por su labor y fue elegido juez de la Corte Suprema por Richard Nixon. Burger le "agradeció" el favor cinco años después, cuando en una votación unánime la Corte Suprema dijo que no existía el privilegio ejecutivo sobre los papeles del escándalo de *Watergate* y, por tanto, esos papeles podían ser utilizados para procesar nada más y nada menos que al presidente de los Estados Unidos: Nixon. La otra manera que Burger tuvo de "agradecerle" a Nixon fue confirmando varias posturas liberales de la anterior Corte. En particular, la Corte conservadora de Burger (quien fue el *Chief Justice*) votó a favor del aborto en *Roe v. Wade* (1973), algo que nadie en su más sano juicio lo hubiera esperado luego de haber sido elegido por Nixon.

- Pocas manos tenían el poder de informar al pueblo de los Estados Unidos y formar a la opinión pública por ese entonces. La solución obvia era crear nuevos periódicos, pero por factores económicos esto era inviable (lo dicho: consideraban que no se podía competir con el periódico masivo de turno de cada ciudad. Crear más periódicos era un boleto de ida a la bancarrota). Hubo gente que concluyó que el "mercado" de diversas ideas y expresiones corría peligro. Otros dijeron que la Primera Enmienda (recordemos, la cláusula de la Constitución estadounidense que protege a la libertad de expresión) actúa como escudo y como espada, porque por un lado impone obligaciones a los dueños de los diarios, pero al mismo tiempo los protege de regulaciones gubernamentales.

- En 1945, un caso crucial declaró que lograr la mayor diseminación de información posible a través de diversas fuentes antagonistas era un pilar esencial para el bienestar público, y una prensa libre era condición indispensable para una sociedad libre y democrática[5].

- Es verdad que un diario no tiene los límites tecnológicos de un canal de televisión abierta o una radio (en éstos, sólo van a estar disponibles al público aquellos canales o frecuencias radiales que tengan una licencia para usar el espectro electromagnético), pero no es correcto decir que el diario puede proceder a una expansión infinita del espacio de sus columnas y noticias para dar cabida a réplicas.

- De manera implícita (insistimos, sin citar el caso una sola vez) dicen que mientras en la televisión abierta y la radio era el Estado quien les daba el "micrófono"

---

[5] *Associated Press v. United States.*

para hablar –es decir, el Estado tiene el dominio público sobre el espectro electromagnético y otorga licencias para el uso del mismo por distintas empresas–, en este caso fue el periódico (*Miami Herald*) quien construyó su propio "micrófono" sin necesidad de que el gobierno le diera una licencia y, por tanto, sin necesidad de usar el espectro electromagnético, como ocurre en el caso de la radio o la televisión abierta.

- Si los editores perciben que habrá penalidades (léase, derecho a réplica) por cada cosa que escriben, entonces el editor buscaría "jugar seguro" y así evitaría conceder el derecho a réplica (¿les suena este argumento? Sí, es el que usaron en *Red Lion*, pero la Corte Suprema dijo que en ese entonces era "pura especulación").

- Y te digo más, señor candidato a diputado de apellido Tornillo: aunque al diario le cueste cero centavos poner tu columna de opinión ofreciendo tu punto de vista, igual te digo que no, que no podés. Yo, Corte Suprema, te digo que no, porque eso sería invadir las funciones editoriales del diario, tales como la elección del material que se publica y los límites en el tamaño y contenido del diario. El trato de las causas públicas (sea un trato justo o injusto) constituye un ejercicio exclusivo del control y juicio de la editorial del diario, no del gobierno. El gobierno no dio ninguna licencia, y el tema de las interferencias radiales, acá, no camina. El periódico montó su imprenta, su oficina, y sin pedir nada de nada al gobierno, creó su diario. Por tanto el gobierno no tiene el mismo derecho a meter sus narices como sí lo tiene en el caso de la radio o la televisión abierta, porque en éstos están usando su espectro electromagnético, que es de propiedad estatal.

Así que ahí tienen: dos casos (uno a través de la radio, otro en prensa escrita), un mismo tema, y distintos resultados. Pero volvamos ahora a las licencias otorgadas por papá Estado para ocupar un espacio en el mundo de las telecomunicaciones. ¿Cómo se sentirá el gobierno cuando un comediante dice malas palabras con connotaciones sexuales y un padre oye el programa mientras está acompañado de su hijito inocente que nunca había escuchado esas palabrotas?

Capítulo 3: "¡Cuidado con lo que decís!"

Muchos nos preguntamos por qué en los Estados Unidos hay una brutal censura a temas que tengan un toque sexual. Podemos ver a Jack Bauer, el célebre agente de CTU (la Unidad en Contra del Terrorismo) en la fenomenal serie de (no tan) ficción "24" torturar a un espía ruso, removiéndole sus entrañas con un cuchillo para sacarle un chip que el ruso malvado llevaba guardado en sus intestinos, y está todo más que bien que esa imagen se pase antes del horario de protección al menor. Pero Dios nos libre si en el mítico show del entretiempo del Súper Bowl XXXVIII, el 1 de febrero de 2004, Justin Timberlake, en plena danza alocada, toca a Janet Jackson (hermanita de Michael... que en paz descanse, y los niños también) y sin querer queriendo, frente a una audiencia de cientos de millones de telespectadores, su toqueteo hace que se le baje la blusa a la pobre Janet y se le vea su pezón derecho al aire durante 0,5 segundos. ¡Sacrilegio!

¿Cuándo empezó esta preocupación casi obsesiva por el sexo? Los próximos capítulos nos van a ayudar a revelar el misterio.

Capítulo 4: Las 7 malas palabras de la discordia

Comediante dice 7 malas palabras en programa de radio a las 2 de la tarde.

FCC v. Pacifica (1978)

Radio y TV abierta

La Primera Enmienda mide a cada medio de telecomunicación con una vara distinta.

TV abierta y radio los menos protegidos.

Gobierno otorgó licencias para éstos.

Presencia omnipresente en la vida de todos.

Audiencia captiva: podemos escuchar la palabrota al cambiar el dial o mientras hacemos zapping.

Prohibición de las 7 palabrotas

Análisis del contexto en el cual se dicen.

George Carlin nació el 12 de mayo de 1937 y murió el 22 de junio de 2008. Fue uno de los mejores comediantes que nos dio Estados Unidos, un genio de la sátira. El 27 de mayo de 1972 lanzó un álbum que le iba a generar muchos dolores de cabeza. El álbum, que llegó a ser disco de oro, se titulaba *Class Clown* (Payaso de Clase), y una de sus pistas dio mucho que hablar... y escribir. La pista se tituló *Seven Words You Can Never Say on TV* (Las Siete Palabras Que Nunca Podés Decir en Televisión). Las siete palabras que generaron un escándalo monumental fueron las siguientes: *shit* (mierda), *piss* (mear), *fuck* (cojer), *cunt* (concha), *cocksucker* (chupapija), *motherfucker* (hijo de puta), *tits* (tetas).

La estación de radio de Nueva York WBAI, propiedad de la *Pacifica Foundation*, cometió el horror de poner esa pista en uno de sus programas de radio a las 2 de la tarde, el fatídico –para la *Pacifica Foundation*– 30 de octubre de 1973. Mientras tanto, un padre iba manejando su auto acompañado por su hijo menor en la parte trasera... y sonaron las siete palabrotas. El padre pensó que su hijito nunca más iba a ser el mismo después de haberle contaminado sus oídos con esas palabras malignas, funestas, malvadas, mefistofélicas. Y el padre no tuvo mejor idea que quejarse ante la FCC, y la FCC prohibió esas palabrotas en la radio y en los canales de televisión abierta. ¿Qué argumento usó la FCC? Que el gobierno les entrega licencias para poder transmitir y los dueños de estas licencias deben velar por el interés público porque el espectro electromagnético es propiedad del Estado, y las palabrotas van en contra de este querido y amado interés público. Y se armó quilombo nomás. *Pacifica* demandó.

Este caso llegó nada más y nada menos que a la Corte Suprema en el año 1978. Daniel Passarella levantaba la copa del mundo en el estadio Monumental en Buenos Aires, luego de derrotar a Holanda 3-1, con dos goles del Matador Mario Alberto Kempes y otro de Daniel Bertoni. España, luego de varios años bajo el mando de Franco, establece su Constitución Nacional. El polaco y eximio deportista Karol Wojtyla es nombrado Papa de la

Iglesia Católica, bajo el nombre en clave de Juan Pablo II, quien fue por esas fechas un jugador determinante para evitar una guerra entre Argentina y Chile, ambos países gobernados por dictaduras en ese entonces. Se estrenaron películas como El Expreso en Medianoche y Grease. El mundo conoció la guitarra endiablada de Eddie Van Halen en el disco *Van Halen*, y una voz aguda de un tipo apodado Sting, quien gritaba a una señorita llamada Roxanne en el primer disco de The Police, *Outlandos D'amour*.

Esta vez, quien llevó la batuta en la Corte Suprema fue John Paul Stevens[6]. En una batalla que terminó 5 votos a 4 ganó la postura de prohibir las siete palabrotas en la televisión abierta y la radio durante ciertos horarios.

La *Pacifica Foundation*, dueña de la estación de radio (la cual, vale la pena aclarar, no tiene fines de lucro) argumentó que el programa era sobre las actitudes contemporáneas de la sociedad frente al lenguaje. Asimismo, adujeron que antes de pasar la grabación de *Seven Words You Can Never Say on TV* informaron a su audiencia que el programa iba a incluir lenguaje sensible, el cual podría llegar a ser considerado ofensivo para algunos oyentes. Por otra parte, dijeron que Carlin no decía malas palabras porque sí, sino que era más bien un satírico que examinaba el lenguaje común de la gente y quería demostrar la

---

[6] Fue elegido juez de la Corte Suprema por Gerald Ford en 1975 y se retiró en 2010. A pesar de ser elegido por un republicano, Stevens demostró su absoluta imparcialidad en casos como el que decidió la victoria de George W. Bush frente a Al Gore en 2000, donde la Corte Suprema de los Estados Unidos ordenó el cese del recuento de votos en el Estado de Florida, dando por ganador a Bush. Stevens, en su voto en disidencia, dijo: "*Aunque nunca sabremos con absoluta certeza la identidad del ganador de estas elecciones presidenciales, la identidad del perdedor es perfectamente clara: es la confianza de la Nación en los jueces como guardianes imparciales del Estado de Derecho*".

actitud ingenua de la sociedad frente a esas palabras cuando éstas eran dichas a través de las ondas del espectro electromagnético (les pregunto: ¿cuántos de ustedes, hoy día, usan alguna de las siete palabrotas?).

Estos argumentos no conmovieron a la Corte Suprema. Ésta dijo que cada medio de telecomunicación presentaba un panorama distinto frente a la Primera Enmienda de la Constitución, gran defensora de la libertad de expresión. A su vez, de todos los medios de telecomunicaciones existentes, los canales de televisión abierta y la radio eran los medios menos protegidos por la Primera Enmienda. ¿Por qué? Porque el gobierno otorgó esas licencias tan preciadas para "hablar" a través del espectro electromagnético, y la FCC puede quitarte esa licencia si dicha acción sirve a la "necesidad y conveniencia del interés público" (una frase tan elegante y a la vez tan flexible que da pie para todo). Y fue ahí que explicaron por qué en *Red Lion* –el caso que vimos de derecho a réplica en radio (ver «Pegame y decime comunista», Capítulo 1)– tuvo una solución distinta en *Miami Herald* –el caso que vimos de derecho a réplica en prensa escrita (ver «El diario es mío y sólo mío y digo lo que quiero, galán», Capítulo 2).

Fue así que quisieron profundizar la diferencia de trato entre un medio de telecomunicación y otro. Dijeron que en esa época (año 1978) la radio y la televisión abierta tenían una presencia dominante y omnipresente en la vida de todos los habitantes de los Estados Unidos. Un contenido indecente a través de estos medios atentaba contra el ciudadano no sólo en lugares públicos, sino también en la privacidad de su casa, donde cada individuo tenía el derecho a ser dejado en paz, y este derecho a ser dejado en paz es superior a cualquier derecho de libertad de expresión amparado por la Primera Enmienda a favor de un canal de televisión abierta o una radio.

Por otro lado, la Corte Suprema dijo que, en el caso de la radio, la audiencia estaba captiva, prisionera. Los oyentes constantemente pasan de un dial a otro buscando algo que les interesare. Por más que el programa haya advertido al inicio del show que iban a decir cosas susceptibles de herir la sensibilidad de algunos, uno podía estar en la 101.1 y quizás, al saltar al dial 101.3 se encontraba con ese show ya empezado y ¡saz! escuchaba sin querer este tipo de palabras ofensivas.

La *Pacifica Foundation* se intentó defender diciendo: "Bueno che, tampoco te lo tomes a la tremenda si la gente pasa el dial y escucha sin querer una de esas palabrotas. Por favor, no hagamos un drama de eso, ellos pueden cambiar rápidamente de programa y a otra cosa mariposa, nadie se va a morir o salir herido por esa situación".

La Corte Suprema no compartía lo dicho por *Pacifica Foundation* y dijo lo siguiente:

- Decir que uno puede evitar escuchar palabras ofensivas al pasar al siguiente dial en el momento en el que uno ya ha escuchado alguna palabrota es como decir que la pena para quien te asalta es que vos, el asaltado, te escapes luego de que el asaltante te haya dado el primer golpe; el daño ya ha sido asestado y no hay vuelta atrás.

- Por este motivo, si querés escuchar el disco de Carlin con el monólogo sobre las siete palabrotas vos lo podés hacer, pero para ello tenés que comprarte el disco o ir al club a escuchar el *stand-up comedy* de Carlin. Poner la grabación de las siete palabrotas en la radio a las 2 de la tarde puede afectar a los niños, por tanto dichas palabrotas están prohibidas en ese horario y sólo podrán decirse en aquellas horas en las cuales los niños no estén despiertos. De hecho, la Corte dice que los canales de televisión abierta o las estaciones de radio son tan fácilmente accesibles para los niños, incluso para aquéllos que no saben leer, que si enganchan palabras indecentes en estos medios, ese accionar puede ensanchar su vocabulario de invectivas en un santiamén.

La Corte Suprema también dejó en claro que si estamos frente a un contenido con lenguaje indecente, aquellos que vendan libros o discos, o quienes pasen una película en sus teatros con dicho contenido pueden cerrar sin problemas las puertas a los menores, pero esto no se puede hacer con los canales de televisión abierta ni las radios. Éstos se dirigen a todos los habitantes y no hay manera físicamente posible de supervisar quién está viendo o escuchando el programa, y puede haber varios niños escuchando sin que los dueños del programa lo sepan.

La Corte tuvo mucha cautela, y dijo que cada caso iba a tener su propia historia, que el contexto era fundamental y que en este caso puntual se analizaron los matices del orden e interés público en relación con estas siete palabrotas pasadas a las 2 de la tarde, buscando evitar el potencial daño a los menores que se topan con semejantes palabritas mágicas. Cada caso dependerá de la hora, el programa (¿qué contenido pasa?), sus oyentes regulares, en fin, unas variables que deberán medirse con varas diferentes en cada caso.

Ah, me olvidaba. El niño que iba con su padre en el auto tenía 15 años cuando escuchó las siete fatídicas palabrotas.

Capítulo 5: "¿Soy obsceno o indecente?"

Obsceno vs. Indecente

Material que no está protegido por la Primera Enmienda

Material protegido por la Primera Enmienda

Obsceno

Miller Test

1) Si una persona común y corriente, aplicando estándares contemporáneos de la comunidad en donde reside, encontraría que el material, tomado en su totalidad, atrae a su interés lascivo.

El material te calienta

2) Si el trabajo describe o detalla, de una manera patente y ofensiva, una conducta sexual específicamente definida por las leyes aplicables en el lugar del hecho.

El material es cochino

3) Si el trabajo, tomado en su totalidad, carece de un serio valor artístico, científico, literario o político.

No podemos hacer algo serio al respecto, tipo una tesis o investigación periodística

Indecente

Si el material describe órganos sexuales o excretorios y, de ser así, si es ofensivo de manera patente de acuerdo con los estándares contemporáneos de la estación de radio o canal de televisión abierta en cuestión.

1) Si la descripción o el detalle del material es explícito o gráfico.

2) Si el material hace hincapié o se detiene demasiado en las descripciones o detalles de los órganos sexuales o excretorios.

3) Si el material complace o excita.

Antes de dar por concluida la historieta de *Pacifica*, vale la pena aclarar una cosa: lo calificado "indecente" está amparado por la Primera Enmienda de la Constitución de los Estados Unidos (aunque como vimos en el caso del capítulo anterior te van a poner palos en la rueda, como por ejemplo, no decir esas siete palabrotas cuando estés en horario de protección al menor); lo calificado "obsceno" no tiene ningún tipo de respaldo bajo la Primera Enmienda. No podés mostrar obscenidades y gritar "¡la Primera Enmienda me lo permite, campeón!". No, no hay defensa bajo la Primera Enmienda. Pero ahora viene la pregunta del millón: ¿qué es indecente y qué es obsceno a la hora de expresarnos? Mejor aún, ¿qué malabares hizo la justicia de los Estados Unidos para definir estos dos términos? Empecemos por lo obsceno.

Marvin Miller era un tipo que distribuía material pornográfico por correo en la convulsionada década del setenta. Un día, el dueño de un restaurante recibió un regalo precioso de Miller: una carta con fotos de varias orgías mostrando los órganos sexuales de las muchachitas y los señores. Estas fotos promocionaban los siguientes libros: *Intercourse* (Relaciones Sexuales), *Man-Woman* (Hombre-Mujer), *Sex Orgies Illustrated* (Orgías Sexuales Ilustradas), *An Illustrated History of Pornography* (Una Historia Ilustrada de la Pornografía). Ah, los panfletos entregados al dueño del restaurante (que tuvo el agrado de abrir la carta enviada por Miller junto a su anciana madre) también promocionaban una película titulada *Marital Intercourse* (Relaciones Sexuales Matrimoniales).

Este es el caso *Miller v. California*, de 1973, en donde intentaron definir qué es obsceno. Utilizaron el siguiente *test*, siguiendo cada uno de sus factores:

>1)   Si una persona común y corriente, aplicando estándares contemporáneos de la comunidad en donde reside, encontrara que el trabajo (la foto, el video, el diálogo, etc.), tomado en su totalidad, atrae a su interés lascivo. Básicamente, traduciendo el eufemismo, si la

foto te calienta, te excita y te dan ganas de toquetearte o buscar una persona para el coito.

2)   Si el trabajo describe o detalla, de una manera patente y ofensiva, una conducta sexual específicamente definida por las leyes aplicables en el lugar del hecho. De nuevo, traduciendo el eufemismo, si el trabajo es algo cochino, sucio, y te repugna por su contenido sexual y la ley del lugar efectivamente confirma que es algo cochino según sus definiciones; y

3)   Si el trabajo, tomado en su totalidad, carece de un serio valor artístico, científico, literario o político; un eufemismo para decir que no podemos hacer algo serio al respecto, como una tesis, un reporte o investigación sobre el "trabajo".

Detenga su lectura. Respire profundo. Inhale... Exhale... Cierre los ojos, ponga la mente en blanco. Medite. Ábralos. Vuelva a leer los tres factores que determinan si algo es obsceno o no según la máxima autoridad judicial en los Estados Unidos.

Levante la mano aquél que piensa que es de una vaguedad tal que se siente un poco perdido. ¿Dónde trazamos la línea según este *test*?

El primer punto del *test* habla de estándares contemporáneos de cada comunidad. Por ejemplo, en *United States v. Various Articles of Obscene Merchandise,* un fallo de 1983 de la Segunda Cámara Federal de Apelaciones (para no marearlos, hay 12 Cámaras Federales de Apelaciones en todo Estados Unidos), escrito por el juez Sweet, se concluyó que películas pornográficas como *Deep Throat* (Garganta Profunda), *Debbie Does Dallas* (Debbie Hace de Dallas), *The Opening of Misty Beethoven* (La Apertura de Beethoven Empañado) o *Joint Venture* (francamente, los tipos de la industria pornográfica son muy creativos a la hora de elegir títulos para sus películas), no eran obscenas para los habitantes de Nueva York porque no eran ofensivas de manera patente según los estándares de los habitantes de dicha ciudad, a pesar de ser un material que según el juez Sweet (quien escribió el fallo) era "desagradable, ordinario, de mal gusto e indudablemente pornográfico". Así que ya saben, cuando se crucen con un amigo o pariente que vive en Nueva York, ¡dígale que es un pervertido! Hasta uno de los pobres jueces de la Cámara aceptó a regañadientes el fallo, pero aclarando que "si todo esto hubiera ocurrido en Connecticut, lugar donde resido y conozco muy bien, jamás hubiera aceptado esta conclusión". Por eso, cosa distinta es si se aplica el mismo *test* para las mismas películas en, por ejemplo, Utah, cuna de los devotos mormones. Fueron muy claros en el fallo, y hasta se basaron en Miller, el fallo de la Corte Suprema que decía entre otras cosas: "No es realista ni apropiado para interpretar a la Primera Enmienda que se le pida a la gente de Maine o Mississippi que acepten conductas que puedan ser consideradas tolerables en Las Vegas o en New York".

Salir del casillero de "obsceno" es fundamental porque te permite utilizar a la Primera Enmienda como defensa frente a quienes quieren censurarte o restringir tu contenido. Sin embargo, este *test* creado por los hombres (y en las últimas décadas, algunas mujeres) de túnica negra (jueces que intentan interpretar la ley y a veces hacen experimentos como el *test* de Miller) puede dejarte perplejo. ¿Cómo un juez o cualquier ciudadano va a poder determinar que una ciudad entera tiene cierto estándar? ¿Podemos decir que el estándar del vecino del 6°B, un fanático de la pornografía –tan fanático que hasta te clasifica las diversas sub-categorías de la industria pornográfica como si tuviera un PhD en Van Nuys, capital mundial del porno– es igual al del vecino del 6°D, un devoto de la castidad y con una pasión desenfrenada por llegar virgen al matrimonio? ¿Cuál es el término medio de dicha comunidad? Es más, supongamos que todos los habitantes de Utah están felices porque afortunadamente, según el juez, la peli Garganta Profunda puede verse sin problemas en Nueva York porque allí son obscenos, pero no en Utah –recordemos que uno de los factores del *test* de Miller es ver si el material en cuestión atrae al interés lascivo de una persona común y corriente, aplicando estándares contemporáneos de la comunidad en donde reside. Si Utah se vanagloria por ser una ciudad pura, casta, inmaculada, que ni siquiera la foto de una vedette con poca ropa pasa el *test* porque "nuestros estándares de la comunidad son puros, nobles, decentes"[7], trataría entonces de fijarme a través de las direcciones IP de cada computadora que se usa en Utah para así ver qué páginas navegaron por Internet estos nobles y decentes habitantes mientras estaban en el santuario privado de sus casas. Sería divertido ver cuáles páginas son las más visitadas. ¿Alguno hace una apuesta sobre el resultado de dicha búsqueda?

Sinceramente, hay que sacarse el sombrero al ver cómo la Corte Suprema de los Estados Unidos resolvía estos temas con anterioridad. El juez Potter Stewart decía en un fallo de 1964[8]: "Yo voy a saber si algo es pornográfico y obsceno cuando lo vea". Algo mucho más eficiente que un *test* de tan difícil aplicación... y mucha más sincero.

Y si todavía pensás que el *test* es inaplicable por su vaguedad, lo siento mucho amigo, pero la Corte Suprema ya dijo en otro caso: "No señor, ¿es que no entendiste nada? El *test* lo podés aplicar sin problemas, no es nada nadita de vago. Vago sos vos que no lo querés interpretar porque es mucho laburo, pero es requeterrecontra aplicable, señor ciudadano". Esto pasó porque

---

[7] Algo muy probable. En septiembre de 2011, el canal de televisión abierta local afiliado a la cadena NBC se negó a transmitir la serie dramática *The Playboy Club*, basada en los inicios de dicho club en Chicago. Se armó tanto revuelo por la serie en Estados Unidos que muchos de los anunciantes publicitarios se bajaron del programa. La serie se canceló un mes después de su estreno. Afortunadamente para los defensores de la pureza, ningún pezón fue mostrado durante el rodaje de la serie. Pero aún así, no aguantó ni un mes al aire.

[8] *Jacobellis v. Ohio*.

hubo gente que se quejó frente a la Corte Suprema diciendo que el *test* de Miller era nulo e inaplicable por su vaguedad (*void for vagueness* es el término en inglés que se utiliza en una acción que intenta parar en seco a una regulación cuando es tan vaga que el ciudadano común no puede aplicarla porque no sabe cómo lograr cumplir con la ley en cuestión). Imagínense a una empresa haciendo una campaña publicitaria o una serie o película con escenas subidas de tono. ¿Qué hace? ¿Contrata una tropa de "académicos" que mientras fuman una pipa y se ponen un monóculo estudian si las escenas pasan el *test* en cada uno de los rincones de los Estados Unidos? Miren que el estándar es por localidades, no es nacional. Así que ya saben, si entran en este negocio en Estados Unidos preparen una fuerte partida de gastos "académicos" para inspectores del *test* de Miller.

Y ahora pasamos a la otra palabrita: ¿cómo definimos un contenido "indecente" (y por lo tanto protegido bajo la Primera Enmienda)?

La FCC, con la bendición (por ahora) de los tribunales, dice que hay ciertos materiales calificados de indecentes. Éstos no llegan a ser obscenos y contienen material sexual o excretorio que están protegidos por la Primera Enmienda, en tanto y en cuanto sean transmitidos en ciertos horarios para así evitar que los menores de edad vean estos materiales.

Y acá va la explicación, atájenla: un material es indecente si, en un determinado contexto, detalla o describe órganos sexuales o excretorios o actividades en condiciones que sean patentemente ofensivas de acuerdo con los estándares contemporáneos de la estación de radio o canal de televisión abierta en cuestión.

En cada caso concreto la FCC deberá determinar eso: si el material describe órganos sexuales o excretorios y, de ser así, si es ofensivo de manera patente. Y para esto el contexto y los estándares locales son fundamentales. La FCC sacó de la galera tres factores *à la Miller test* que intentan racionalizar su decisión sobre si algo es o no es indecente:

1) Si la descripción o el detalle del material es explícito o gráfico;

2) Si el material hace hincapié o se detiene demasiado en las descripciones o en los detalles de los órganos sexuales o excretorios; y

3) Si el material complace o excita sexualmente a uno.

Pero ojito, que la FCC y los tribunales te dicen que ninguno de estos tres factores es determinante y se balancearán conforme al caso que se presente y, posiblemente, se mezclen con otros factores. ¿Hacemos una traducción de esto? Acá va el intento:

"Hola, mis queridos civiles. Somos unos jueces que, en el caso de Estados Unidos, usamos una toga y tenemos que definir o racionalizar qué es obsceno y qué es indecente. Qué quieren que les digamos. No tenemos la más remota idea de cómo hacerlo, pero algo hay que inventar. ¿O qué quieren? ¿Un viva la pepa? No señor, no señora, algo tenemos que hacer. Entonces el día que nos llegue el caso y tengamos que decidir si es obsceno o indecente, nos vamos a despertar, vamos a leer el diario por Internet, nos vamos a tomar una ducha pensando en "qué fiaca, tenemos que ir a laburar y llevar a los chicos al colegio" y vamos a pensar también en ese caso que nuestro asistente dejó caer en nuestra mesa, ése, el de la foto cochina, y entonces, después de consultarlo con nuestra consciencia vamos a gritar en nuestro interior mientras estacionamos el auto: "Sí, para mí es recontra obscena esa foto, una guarangada total". Y una vez llegada esa magnánima y contundente solución vamos a ir a la oficina y vamos a ponerle palabras a nuestra intuición que salió mientras mirábamos a la foto, y vamos a balancear y meter los factores y hacer sumas y restas y al final de nuestro dictamen, después del berrinche de factores y balanzas y estándares y de llamar a mi prima Juanita para ver si en Tennessee son tan pervertidos como yo pensaba, escribiré "es obsceno". Pero por favor, estimado y queridísimo ciudadano, no pidas racionalizarlo, viejo, no lo hagas. ¿Qué quieren? Es lo que hay, es lo que salió del laboratorio del Palacio de la Justicia. Había que regular la obscenidad y la indecencia en los medios de telecomunicaciones por el bien y la salud de nuestros hijos y esto es lo que salió de la pipeta. Lo saludamos cordialmente".

Yo me imagino que para una vedette que baila en Bailando por un Caño o Por un Sueño o Por Un Dólar o Por Aumentar Mi Precio Por Hora, su nivel de indecencia será más flexible que el de mi abuelita Berta.

- "Abuelita Berta, mirá a Sabrina en Bailando por un Caño. ¿Por qué ese señor le está quitando su ropa y la cámara muestra tantas veces la cola y sus pechos y no puedo ver cómo baila Sabrina?"
- "Madre de Dios, Martita, apagá la tele, que es un asco de programa. ¡Por programas como esos así está el país! ¡Tenemos lo que nos merecemos!", fustiga la indignada abuelita.

Mientras tanto, la vedette cholula:

- "Ay Luciana, mirá, después de vos va a bailar tu amiguita, la bebota de Sabrina, en Bailando por un Sueño".

- "¡¡¡Ay no te lo puedo cré-éeeeerrr divina!!! ¿A ver si tiene mejor cola que la mía? (*Pausa, mira su cola en el espejo, sacándola de la jaula*) No, ¿viste? ¡Nadie le gana a mi caramelito! La colita siempre bien durita, como dijo Marcelo. ¿Viste cómo la miraba? Qué calentito que lo dejé".

Pasemos al próximo caso, mientras cada uno piensa qué estándar tendría su pueblo o ciudad. Lo que viene lo que viene es (música de fondo de Star Wars, o mejor pongamos Vangelis, al mejor estilo Fútbol de Primera) ¡el horario de protección al menor!

Capítulo 6: "Señores padres: Aquí finaliza el horario de protección al menor..."

Contenido neutral (content neutral) vs.
Contenido parcial (content based)

Ej: no se puede escuchar música de rock a través de alto parlantes después de las 2 de la mañana

Ej: no se puede escuchar música a través de alto parlantes a partir de las 2 de la mañana.

Contenido parcial (strict scrutiny)

- Restricción de la libertad de expresión de la manera más atenuada posible con el fin promover un interés público fundamental.

  compelling government interest

- Si hay una alternativa distinta a la plasmada en la norma que consiga con igual o mayor eficiencia el mismo fin que protege el gobierno con esa norma, y esa alternativa restringe menos a la libertad de expresión
  - entonces el gobierno va a tener que usar esa alternativa y descartar la que está actualmente en vigor

Contenido neutral (intermediate scrutiny)

- Fomenta un interés público importante.

  Important or substantial government interest

- La restricción no ataca un contenido concreto.
- A quien se le restringe su expresión se le dejan canales alternativos de comunicación.
- La restricción a la libertad de expresión no necesariamente debe ser lo más atenuada posible.
  - Normativa seguirá en pie aunque haya alternativas que restrinjan menos a la libertad de expresión.
  - Siempre y cuando el interés legítimo que persigue el Estado se alcance de manera menos eficiente si quitamos a la normativa en vigor que restringe a la libertad de expresión.

Esta decisión que vamos a contar no viene de la Corte Suprema porque nunca llegó a la más alta esfera de la justicia *made in USA*. Más bien se quedó encajada en la Cámara Federal de Apelaciones del Distrito de Columbia, ahí, donde está la Casa Blanca.

La FCC prohibía pasar material indecente por televisión abierta o radio entre las 6 hs. de la mañana y las 0 hs. El caso se conoce como *Act III v. FCC*, del año 1995. Carlos Saúl Menem asume su segundo mandato presidencial en Argentina, mientras mueren personajes como el ex presidente desarrollista Arturo Frondizi y el boxeador Carlos Monzón. Steffi Graff gana Roland Garros, Wimbledon y el US Open, mientras que Sudáfrica, recientemente liberada del Apartheid, se lleva el Mundial de Rugby celebrado por Nelson Mandela y todos los sudafricanos. Mel Gibson inmortaliza a William Wallace (*They will never take our freedom!*) en Corazón Valiente, ganadora del Oscar a mejor película, mientras el mundo ve nacer al DVD y al primer bebé de Pixar (creación de Steve Jobs, asociada con Disney): *Toy Story*. En el plano musical, una banda irlandesa causa estragos con la épica voz de Dolores O'Riordan en canciones como *Zombie* y *Ode to my Family*. Pink Floyd lanza su disco en vivo titulado *Pulse* y Oasis arrasa en todo el mundo con *What's the Story Morning Glory?* En otro plano, Timothy McVeigh activa una bomba en el Alfred P. Murrah Federal Building de Oklahoma y mata a 168 personas.

El caso conocido como *Act III v. FCC* se refiere a tres penalizaciones impuestas por la FCC por material emitido por radio que incluía referencias explícitas a la masturbación, eyaculación, tamaño de los senos, tamaño de los penes, contacto genital oral, erecciones, sodomía, testículos y menstruación.

Quienes fueron penalizados demandaron a la FCC y utilizaron como defensa el arma letal de la Primera Enmienda. Y acá tenemos que detenernos un momento para tratar de explicar cómo la justicia en Estados Unidos desbroza un caso de libertad de expresión. Ya vimos un adelanto en los capítulos anteriores, pero ahora hay que ajustar unas tuercas. Ahí vamos.

Cuando un caso llega a un tribunal de justicia sobre libertad de expresión, y quien demanda utiliza la madre de todas las armas (léase, su derecho constitucional a la libertad de expresión), lo primero que el tribunal va a analizar es si la regulación de la que se quejan los afectados está basada en un contenido concreto (*content-based*, para los amantes de la lengua de Shakespeare) o si la ley tiene contenido neutral (*content-neutral*), es decir, que se aplica a todos los contenidos por igual.

Pongamos un ejemplo: si yo, gobierno, digo: "No se puede escuchar música a través de alto parlantes después de las 2 de la mañana", esta norma sería de contenido neutral, pero si la norma dijera: "No se puede escuchar música de rock a través de alto parlantes a partir de las 2 de la mañana", esta norma apunta a un contenido concreto (sólo ataco la expresión del rock, pero no del jazz, el blues, etc.).

La ruta a seguir dependerá del casillero en el que caiga la norma. Si vos sos el gobierno que implementó esa norma que se está combatiendo en tribunales vas a querer caer en el casillero de contenido neutral. De lo contrario, si caés en el casillero de la normativa que regula un contenido concreto de expresión (como en el caso de la música de rock citado en el párrafo anterior) va a ser muy difícil, aunque no imposible, que un tribunal termine diciendo que el gobierno no está afectando al derecho de expresarse libremente. ¿Por qué? Porque si el tribunal decide que la normativa favorece a un discurso o expresión por encima de otro distinto (pongo las jugadas de Messi, pero no te paso ninguna jugada de Cristiano Ronaldo; te paso sólo discursos menemistas, pero ninguno kirchnerista; bloqueo las marchas en contra del gobierno, pero muestro todas aquellas a favor nuestro; dejo que pases deporte, pero no dejo que pases imágenes de contenido sexual), va a aplicar lo que se llama escrutinio estricto (*strict scrutiny*): la normativa sólo va a sobrevivir en tribunales si dicha norma restringe de la manera más atenuada posible a la libertad de expresión con el fin de promover un interés público fundamental[9]. Si hay una alternativa distinta a la plasmada en la norma que consiga con igual o mayor eficacia el mismo fin que busca el gobierno sancionando dicha reglamentación, y esta alternativa restringe menos a la libertad de expresión, entonces el gobierno va a tener que usar dicha alternativa y descartar la normativa que está actualmente en vigor.

Quédense tranquilos si ahora se están rascando la cabeza tratando de entender esto. A lo largo de las próximas páginas van a ver ejemplos concretos decididos por la Corte Suprema de los Estados Unidos. Es un tema complejo y no hay nada mejor que los casos que vamos a ver para tratar de comprender el dilema.

Por otro lado, si la normativa cae en el casillero de contenido neutral va a ser mucho más fácil para el gobierno sostener a la norma que está en juego, porque en ese caso los tribunales van a usar el escrutinio intermedio[10]. Con este truquito, el tribunal va a mirar con lupa si:

i) La normativa en vigor fomenta un interés público importante[11];

---

[9] En inglés utilizan la frase *compelling interest* para hablar de interés público fundamental.

[10] *Intermediate scrutiny*, también llamado *time, place and manner*.

[11] En inglés hablan de *important government interest* para hablar del interés público importante –que es más *light* que fundamental. En otras palabras, para regular ciertas cosas, voy a poder utilizar como excusa intereses que no sean tan determinantes o fundamentales para una sociedad, pero que a pesar de ello son importantes, y el escrutinio judicial va a ser más fácil de superar por parte de quien impone la nueva normativa.

ii)   El interés público fomentado no está vinculado con la censura o, más bien, no ataca a un contenido concreto. Por ejemplo, si yo prohíbo a ciertos vendedores ambulantes vender sus productos en la calle porque no tienen la correspondiente licencia, y el fin de esa prohibición es evitar el congestionamiento del tráfico y lograr la libre circulación de los peatones, y un artista que no tiene licencia y quiere vender sus obras en la calle me demanda a mí, Estado, porque no le dejo expresar libremente su arte en la calle, mi normativa cumple este punto y seguramente será bendecida por el tribunal de turno, porque mi interés (evitar congestionamiento en el tráfico) no tiene nada que ver con lo que el artista desea expresar a través de su arte;

iii)   La restricción incidental sobre la libertad de expresión causada por la normativa en vigor debe ser inferior a la promoción del interés regulado. En otras palabras, se busca que la censura o restricción a expresarse no sea para tanto, y que es más importante para el Estado proteger un interés determinado (como puede ser la seguridad nacional, la salud pública, la libre circulación del tráfico, etc.) que quitarte un cachito de libertad para expresarte.

Asimismo, a quien se le restringe su expresión se le debe dejar otros canales alternativos de comunicación. Siguiendo con el caso anterior, si el artista no logra conseguir una licencia para vender sus obras en la calle y queda en lista de espera, si aún así el artista puede vender sus obras en galerías, talleres de pintura, museos o colgando sus obras en Internet para luego venderlas *on line*, entonces el artista tendrá otros canales de comunicación a través de los cuales va a poder mostrar y expresar su arte y, por tanto, el impacto de la normativa (no dejarle vender en la calle) será meramente incidental en su libertad de expresarse;

iv) En este caso (una normativa de contenido neutral) la restricción a la libertad de expresión no necesariamente debe ser lo más atenuada posible. En otras palabras, la normativa va a seguir en pie aunque haya otras alternativas que restrinjan menos a la libertad de expresión, siempre y cuando el interés legítimo que persigue el Estado –siguiendo con el caso descrito: evitar el congestionamiento del tráfico– sea alcanzado de manera menos eficiente si quitamos a la normativa en vigor. Ejemplo: si yo, Estado, quito la normativa que pone un cupo a las licencias de vendedores ambulantes, la ciudad va a ser un auténtico quilombo y voy a estar cuatro horas por día trepado en el auto para hacer cuarenta cuadras. Puede haber otras alternativas más eficientes para solucionar la congestión del tráfico, pero ésta tiene su aporte y colabora para solucionar ese tema. Por tanto, sobrevivirá al escrutinio judicial.

A lo largo de los próximos casos van a ver cómo los tribunales juegan con estos dos estándares (contenido neutral vs contenido parcial), en especial en el capítulo 11 (ver «Cable on the rocks: 1/3 Gancia, 1/3 whisky, 1/3 pomelo»), pero centrémonos en el caso que estábamos, el de horario de protección al menor: "No se puede pasar ningún tipo de programación indecente entre las 6 hs. de la mañana y las 12 hs. de la noche". ¿Qué estándar van a usar? Escrutinio estricto, porque estamos hablando de un contenido de programación concreto: programas con material indecente. Uh, entonces el gobierno la va a tener difícil, ¿no? Sí, va a ser difícil, ¿pero saben una cosa? Ganaron igual.

Vamos por partes:

1) Primero: el gobierno tenía que demostrar que había un interés público fundamental (*compelling government interest*) para crear esa norma. Usó dos armas muy tiernas: "Nosotros, el gobierno, estamos

preocupados por el bienestar de los menores de edad. Por otro lado queremos ayudar a ustedes, padres o tutores, en la tarea de supervisión de los niños, y así evitar que vean material inapropiado. Por eso creamos esta norma. Y está claro que el bienestar físico y psicológico de los chicos es un interés público fundamental para el gobierno".

2) Estupendo, primer paso, punto a favor del gobierno –vamos, ¿quién se va a animar a ir en contra del bienestar de los chicos?. Pero claro, ahora tenés que disfrazarte de Mandrake y decir que como gobierno no lograste encontrar una alternativa más *light* que censure o restrinja menos a la libertad de uno a expresarse y que sea igual o más eficiente. Para los demandantes sí que la había y dijeron: "Miren, entendemos que los chicos deben gozar de una buena salud y bienestar, pero a la noche los padres están en el mismo techo que sus hijos, y son ellos quienes tranquilamente pueden supervisar a sus chicos. Esta norma se pasó tres pueblos, no es necesaria. Los padres, solitos, pueden hacer su tarea sin problemas ni ayudas estatales. La norma es demasiado estricta y excesivamente restrictiva, nos corta demasiado nuestra libertad de hablar".

A lo que el tribunal contestó: "Gracias, pero no podés pedir que los padres se encadenen a sus hijos y estén pegados a ellos toda la noche. Además los padres a veces salen a divertirse o a reuniones sociales. No, no compro tu argumento, demandante. Los padres necesitan de nuestra ayuda para supervisar y proteger a sus hijos".

Fue así que el demandante sacó otra carta: "Estás restringiendo los derechos de los adultos que quieren ver material indecente (ver definición de 'indecente' en «¿Soy obsceno o indecente?», Capítulo 5). Ellos, los adultos, quieren ver el material indecente, y esperar hasta la medianoche es mucho, más si se tienen que

46

levantar a las 5 hs. de la mañana para ir a laburar. Si se quedan despiertos hasta tan tarde no rinden en el laburo y los van a echar. ¡Dales su indecencia!".

Y acá es donde la cosa se pone turbia, y es parecido a lo que decíamos en el caso anterior: cada juez pondrá palabras, tirará números y otras cosas que adornen su pensamiento: "No quiero que los menores de edad vean cosas indecentes, pero tengo que desactivar este argumento sobre los derechos de los adultos a ver este contenido, y tengo que declarar que el demandante no logró demostrar que existe otra alternativa igual o más eficiente y menos restrictiva. ¿Qué conejo saco de la galera?".

Este tribunal sacó el siguiente conejo: en ese entonces, aproximadamente 4,3 millones (el 21%) de niños entre 12 y 17 años miraba canales de televisión abierta entre las 11 y las 11:30 hs. de la noche. Ese número bajaba a 3,1 millones (el 15,2%) entre las 11:30 hs. y la 1:00 de la mañana. De los 20,2 millones de adolescentes y 36,3 millones de niños en los Estados Unidos había un montón que miraban tele entre las 6 hs. de la mañana y la medianoche. En cuanto a la radio, 2,4 millones (12%) de adolescentes la escuchaban entre las 6 hs. de la mañana y la medianoche, mientras que 1,4 millones (7%) lo hacían entre medianoche y las 0:15 hs. Según la Cámara Federal de Apelaciones, tras analizar estos números, había un riesgo razonable de que muchos de los menores de edad estuvieran expuestos a material indecente entre esa franja horaria de las 6 hs. de la mañana y las 0 hs., y eso no podían permitirlo.

Ahora, ¿y los derechos de los adultos? La compañía *Nielsen Ratings* estimaba que el 21% de los hogares en Estados Unidos tenían prendida la tele después de la 1:00 de la mañana. A su vez 7,4 millones (4%) de adultos escuchaban la radio entre la medianoche y la 1:00 de la mañana. Por tanto, los tribunales afirmaron que, si bien el número de adultos que escuchaban la radio después de medianoche era bajo, "no era un número insignificante". Un poco extraño, ¿no? A ver, la idea era proteger el bienestar de los menores y evitar que material indecente sea transmitido por radio y televisión abierta entre las 6 hs. de la mañana y medianoche; por un lado, la justicia dice que un 7% de adolescentes escucha la radio después de la medianoche (cuando ya se puede pasar contenido indecente); por otro lado, el 4% de adultos escucha la radio después de medianoche y el tribunal dice que esa cantidad de adultos no es un número insignificante. Es un tanto curioso. Si uno dice que el 4% de adultos es mucho, pero a su vez el 7% de adolescentes está despierto después de medianoche y escucha contenidos que pueden ser indecentes, ¿eso no sería mucho también? ¿No debería entonces extender el horario de protección al menor más allá de la medianoche? ¿En qué quedamos? ¿Dónde trazamos la línea? ¿Se la puede trazar de manera tajante? Uno asume que siempre habrá algún adolescente picarón que estará despierto a altas horas de la noche, siempre habrá algunos por allí enchufados a la radio o la tele (aunque a esta altura de la historia están enchufados a la compu, el iTouch, la Blackberry, el iPad o cualquier otro aparatejo que empiece con "i").

La justicia, además de subrayar que el 4% de adultos escuchando la radio después de medianoche era más que suficiente, también defendió que si estos señores maduritos querían su material cochino e indecente, lo podían hacer a través de otras alternativas (negocios, hoteles, bares, etc.) y en momentos del día más razonables, sin necesidad de hacerlo entre las 12 hs. de la noche y las 6 hs. de la mañana, y sin poner en riesgo el bienestar de los menores edad.

Da la sensación que el tribunal no quedó para nada conforme con su propia explicación. Sabía que quería proteger a los menores de edad, pero le costó armar un argumento coherente. Es por eso que ahí, al final del fallo, dijo que el bienestar de los menores de edad vs. los derechos de los adultos a ver lo que se les antoje a cualquier hora era un balance de intereses irreconciliables, y se inclinaron nomás por el bienestar de los menores (ahora, ¿para qué embarrar la cancha y mostrar cifras que generan razonamientos contradictorios?). A su vez, le pasó la pelota al Congreso, y aclaró que quien tenía más campo y libertad para trazar de manera más apropiada la línea divisoria de protección al menor (¿las 10 hs.? ¿11 hs.? ¿medianoche?) era el Congreso.

Y el Congreso finalmente le hizo caso y posteriormente puso al horario de protección al menor entre las 6 hs. de la mañana y las 10 hs. de la noche. Sí, a pesar de que había muchos estudios que indicaban que una cantidad importante de niños estaba despierto después de las 10 hs. de la noche, trazaron esa línea al considerarla razonable. Peor es nada, ¿no? Pensá que en 1989, el senador Jesse Helms, de North Carolina, propuso una ley en el Congreso que ordenaba a la FCC eliminar todo contenido indecente de la radio y la televisión abierta, sin importar el horario, porque "crear un puerto seguro (es decir, un horario donde se puedan transmitir indecencias) para material basura es inaudito". La ley fue sancionada, pero inmediatamente los tribunales la anularon por inconstitucional.

Pero quedarían otras batallas por librar, porque hay gente como Bono, Janet Jackson, Paris Hilton, Nicole Richie y Cher, que tienen que ir a lavarse la boca con agua y jabón.

Capítulo 7: "Bono: Andá a lavarte la boca con agua y jabón"

Bono en los Globos de Oro: "Esto es verdaderamente fuckin' brillante"

Decir un mero improperio se considera ahora indecente y sujeto a multa.

Antes (i) había que ponerlo en contexto y (ii) múltiples malas palabras en un mismo show equivalían a una sola violación.

Multas millonarias

Canales de TV demandan y pierden.

No hay evidencias científicas del daño que un improperio puede causar en los menores.

No podemos tener esas evidencias: los niños no pueden ser estudiados, porque pueden llegar a salir dañados.

Se exige el uso del bleep!

¿Recuerdan las famosas (e infames) 7 malas palabras de George Carlin que contamos en «Las 7 malas palabras de la discordia», Capítulo 4? Bueno, luego del fallo que contamos en dicho capítulo, la FCC (i) sólo ponía la lupa en esas 7 malas palabras, (ii) el contexto era determinante para analizar si cabía o no una pena de multa al canal de televisión abierta o radio que las emitiera, y (iii) múltiples malas palabras en un mismo show equivalían a una sola violación.

Hay que destacar que las multas no eran muchas que digamos. Por ejemplo, en 2000, la FCC recibió 111 reclamos e impuso multas por la suma total de 48.000 dólares. Cosa distinta fue el fatídico 2004, sí, aquel que muchos padres quisieran eliminar de sus vidas para la salud y bienestar de sus hijos: la FCC recibió 1.405.419 reclamos, la mayoría de éstos pertenecientes al 'gran suceso gran' durante el Superbowl XXXVIII, donde Justin Timberlake, célebre cantante pop y actor norteamericano, desbotonó a la querida Janet Jackson y por arte de magia, durante 0,5 segundos, frente a una audiencia de más de 130 millones de norteamericanos, su pezón derecho quedó al descubierto ante la mirada de aquellas pobres almas inocentes que ahora están corrompidas e irán al infierno, a no ser que se les practique una lobotomía avanzada y se les logre quitar esa impactante imagen de sus cabezas.

La multa ascendió a 550.000 dólares, y quizás la FCC tenía la intención de usar la guita en un laboratorio avanzado de Stanford para lograr crear esa lobotomía y erradicar aquella imagen perversa. No obstante, CBS, la cadena de televisión que pasó el Superbowl en 2004, ha logrado zafar (por ahora, solamente por ahora) del pago de esa multa, según lo establecido en noviembre de 2011 (sí, en Estados Unidos la justicia también va a pasitos de bebé) por la Tercera Cámara Federal de Apelaciones en *CBS v. F.C.C.* Según este tribunal, la FCC se excitó demasiado con el monto de la multa y fue arbitraria a la hora de elegir dicho importe. El argumento esgrimido fue que, si bien la FCC tenía la autoridad para supervisar y sancionar efímeros improperios y contenidos indecentes (en este caso, recordemos que la imagen no estuvo ni siquiera un segundo al aire), la política de sanción era distinta por ese entonces: los improperios aislados en la televisión abierta no estaban sujetos a sanción por indecencia, y lógicamente, CBS argumentó que la imagen del pezón de Janet durante menos de medio segundo no podía ligar semejante multón porque la FCC todavía no había notificado a las partes del cambio de política sancionatoria, y no podés sancionar a alguien si no diste previo aviso del cambio de las reglas de juego. La última palabra de este caso la tendrá la Corte Suprema, que en 2009, en *FCC v. Fox Television*, estuvo de acuerdo con la explicación de la FCC sobre el cambio de políticas sancionatorias por improperios o palabrotas aisladas o efímeras, pero sólo trató ese punto: el cambio de política. No tuvo sobre su mesa papeles o instrucciones para determinar si las multas eran excesivas o no. En todo caso, en 2009 ya avalaron el cambio de política. De hecho, hubo un juez de la Tercera Cámara Federal que votó en disidencia en el caso, diciendo que lo dicho por la Corte Suprema en 2009 era más claro que el agua cristalina y la FCC tenía el derecho de multar a CBS por ese cuantioso importe. Como dirían los estadounidenses, *stay tuned* a las novedades del caso.

Pero ya que hablamos de *FCC v. Fox*, veamos qué hizo la Corte Suprema en ese fallo donde aceptó el cambio de política sancionatoria por parte de la FCC.

Ya hablamos del escándalo de Justin Timberlake y Janet Jackson, pero en el ínterin hubo otras multas por los siguientes sucesos:

> 1) Año 2003, U2 gana el Globo de Oro a la mejor canción de una película gracias a su obra *The Hands That Built America*, en Gangs of New York, la enorme película dirigida por Martin Scorsese, con una fenomenal actuación de Daniel Day Lewis. Cuando Bono sube al escenario a recibir el premio tiene la gran idea de decir: "Esto es verdaderamente *fuckin'* brillante".

2) En los Premios Billboard 2002, Cher gana un premio y a lo Diego Armando Maradona dice: "La gente ha estado diciendo que estoy camino a retirarme, ¿no? A todos ellos les digo *fuck you*".

3) Premios Billboard 2003: parece que Nicole Richie, la hija de (*All Night Long*) Lionel y amiga inseparable de Paris Hilton, quiere emular a Cher y mientras conduce los premios Billboard dice: "¿Alguna vez trataron de sacar mierda de vaca de una cartera de Prada? No es tan *fuckin'* simple (haciendo un juego de palabras con el Reality Show que en ese entonces tenían con Paris Hilton, titulado The Simple Life)".

4) En la serie NYPD Blue, durante el episodio transmitido por la cadena ABC el 25 de febrero de 2003, la actriz Charlotte Ross mostró durante 7 segundos su cola en todo su esplendor mientras se quitaba la bata blanca antes de irse a tomar una ducha. En la escena posterior, el hijo menor del novio de la protagonista entra al baño y la engancha como Dios la trajo a este mundo. La FCC multó a cada cadena afiliada a ABC que pasó dicha escena por un importe total de 1,4 millones de los preciados dólares verdes, en billetitos de cien con la caripela de Benjamin Franklin.

Lo que sirve de anécdota en estos casos es que fue Bono el que generó que un mero improperio sea considerado indecente. Antes había que ponerlo en contexto; ahora el sólo hecho de decirlo implica una multa. Se intentó pelear esto en tribunales, pero no hubo caso, la F-*word* (como intentan aludir en los fallos a la palabra "*fuck*"), con su poder de insulto y ofensa que deriva de su connotación sexual es una palabra poderosa y hay que suprimirla de nuestro espectro electromagnético: no debe ser transmitida en la televisión abierta ni en las radios.

Este caso (*FCC v. Fox Television*) estuvo comandado por el juez Antonin Gregory Scalia[12].

La Corte dijo algo así: "Lo siento mucho, hombre maleducado que quiere que la televisión abierta sea sede de palabrotas que dañan la salud mental y el bienestar de nuestros niños. Usted puede decir que no hay prueba científica que demuestre que una mera palabra como *fuck* puede alterar la psiquis de un niño, pero es que esa prueba jamás podrá practicarse. De hacer dicho experimento tendríamos que utilizar a un grupo de niños de conejillos de india que estaría expuesto a la indecencia. Esta data no puede ser obtenida porque no podemos darnos el lujo de someter a algunos niños a estas indecencias para ver si al final salen perjudicados y dañados".

¿Qué quiso decir la Corte Suprema con eso? Quiso decir que no necesita ningún estudio de ningún erudito para demostrar que los insultos son malos. Son malos porque son malos y punto.

Un dato que es la frutilla en el postre. La Corte Suprema se basó, entre otras cosas, en que los canales de televisión abierta (la televisión por cable tiene un tratamiento más suave, como vamos a ver, porque entre otras cosas no utiliza el espectro electromagnético) y radios podían retrasar algunos segundos la programación y así evitar ser sancionadas frente a alguna mala

---

[12] Un descendiente de tanos que fue elegido como juez de la Corte por Ronald Reagan en 1986, mientras Diego Armando Maradona nos daba nuestro segundo mundial de fútbol en tierras aztecas. Scalia es oriundo de New Jersey, cuna de Bruce The Boss Springsteen. Se graduó en Harvard y fue escalando posiciones desde el gobierno de Richard Nixon hasta llegar a la Corte Suprema en la época de Reagan. Estés a favor o en contra de sus posturas, no tenés más remedio que admirar su impecable pluma, que hace muy entretenida la lectura de sus fallos, plagados de analogías insólitas y comentarios ácidos sobre sus honorables colegas. Es el juez más controversial de la Corte Suprema, en especial por interpretar las leyes de manera tan brutalmente literal.

palabra que se dijera en programas en vivo al poner el clásico *bleep!* que tapa el improperio. Lo curioso del caso es que un juez de la disidencia dijo que había canales de televisión abierta y emisoras de radio de pueblos chicos perdidos en el corazón de Estados Unidos que no tenían la tecnología o el dinero para tener ese gran pituto que lograra meter el clásico *bleep!*

La manera de refutar este argumento de la disidencia por parte de Scalia (quien escribió el fallo para la mayoría) fue que los pueblos pequeños no van a correr el riesgo de transmitir cosas que muy probablemente acarreen improperios. Scalia aseguró que en relación con los programas que estos pequeños pueblos producen y emiten para su comunidad local, los campesinos probablemente –dijo probablemente– emplean menos vulgaridad que los hombres de ciudad y "los canales de televisión abierta y emisoras de radio locales no pueden pagar o no quieren trasmitir programas de las celebridades boquisucias de Hollywood".

Ahora, por ese 2009 la Corte amagó de manera fantástica el tema de las multas. Dijo que el cambio de política estaba bien, dentro de los parámetros de la Constitución, pero en ese entonces no tenían los papeles sobre su mesa para analizar si semejantes multones eran legales. Recordemos que uno de los argumentos de los canales de televisión fue que la FCC todavía no había notificado a las partes del cambio de política sancionatoria, y no podés sancionar a alguien si no diste previo aviso del cambio de las reglas de juego. Bueno, tres años más tarde, bajo la plena felicidad de los abogados que trabajaron en el tema, la Corte, por fin, quiso hablarle de nuevo al pueblo. Es como una secuela, porque el caso también lleva el nombre de *FCC v. Fox Television*, así que vamos a ver si es un nuevo éxito de taquilla o, como suele pasar (salvo escasas excepciones) la Dos es peor que la Uno.

Este caso salió el 21 de junio de 2012, en una semana histórica para la Corte Suprema de Estados Unidos, porque en esos días sacó un fallo trascendental en materia inmigratoria y otro monumental sobre la ley de salud impulsada por el gobierno de Barack Obama (para este último caso se dieron 3 días de argumentos orales para las partes del caso, algo inédito en cuanto a su extensión). Como podrán imaginarse, este caso de *Fox II* pasó bastante desapercibido. Digamos que eligió su estreno en una semana de altísima competencia, casi como si quisieras sacar la segunda parte de tu película al mismo tiempo que Disney, Universal, Warner Brothers y Paramount sacan sus correspondientes hits del verano.

Va de nuevo. En 2009 dijeron que el cambio de política de la FCC era constitucional. Antes del cambio, la FCC, amparados en *Pacífica* (ver «Las 7 malas palabras de la discordia», Capítulo 4) sancionaba a quienes decían de manera repetitiva aquellas 7 malas palabras dichas por el comediante George Carlin analizadas en *Pacífica* (para refrescar la memoria, eran *shit* (mierda), *piss* (mear), *fuck* (cojer), *cunt* (concha), *cocksucker* (chupapija), *motherfucker* (hijo de puta), *tits* (tetas)). En la década del pop ochentoso decidieron ir un paso más allá y, además de las 7 malas palabras, optaron por expandir su política sancionatoria. En vez de tomar de manera estricta a las 7 palabrotas y nada más, a partir de entonces iban a observar el contexto en el cual ocurría la transmisión y así determinar si el contenido ameritaba ser considerado indecente y, por tanto, sancionado. Los 3 casos que usaron de base fueron los siguientes, y todos pasaron en la radio: (i) fragmentos de una obra teatral titulada *Jerker*, que incluía descripciones gráficas de la homosexualidad, (ii) una canción de punk titulada *Makin' Bacon* pasada un sábado después de las 10 de la noche en una radio universitaria, con ciertas insinuaciones sexuales (pero ninguna de las 7 palabrotas de Carlin), y (iii) un programa de Howard Stern que pasaba de 6 a.m. a 10 a.m. y, si bien no usaba ninguna de las 7 tremebundas palabrotas, estaba cargado de insinuaciones y doble sentido.

Ya en la década del Y2K, Twitter y Facebook, la FCC fue todavía más allá y dijo que no sólo iba a sancionar contenido indecente repetitivo, sino que entraban en la bolsa las indecencias aisladas. Fue así que los casos que contamos de Cher, Bono, Nicole Richie y NYPD Blue entraron en la bolsa de la indecencia y fueron multados.

El gran problema es que cuando multaron a estas cadenas de televisión regía una Declaración Política de la FCC de 2001, comentada en «¿Soy obsceno o indecente?», Capítulo 5. Recordemos que por ese entonces, la FCC determinaba con los siguientes factores si un contenido era indecente de manera patentemente ofensiva:

> 1) Si la descripción o el detalle del material es explícito o gráfico;
> 2) Si el material hace hincapié o se reitera demasiado las descripciones o los detalles de los órganos sexuales o excretorios; y
> 3) Si el material se transmite para complacer o excitar sexualmente a uno, o sólo se presenta para causar *shock*.

Sin perjuicio de que las radios y cadenas de televisión abierta una y otra vez pelean (por ahora en vano) sobre la constitucionalidad de esta norma al calificarla de vaga e imposible de determinar las cosas que entran dentro de la bolsa de "indecencia patentemente ofensiva" (que de regalo acarrea unas multas por parte de la FCC si son dichas en radio o televisión abierta entre las 6 a.m. y las 10 p.m.), como podrán ver, en 2001 le seguían prestando suma atención a la reiteración de las palabrotas. Y ésa es la clave que usó Fox en este nuevo caso: "Si querés cambiar tu política, todo bien, pero haceme el favor de avisarme así sé qué norma me regula y cómo debo cumplirla".

Los abogados de Fox también intentaron meter el caramelo de inconstitucionalidad por vaguedad de la normativa, y a su vez dijeron que ya era hora de derogar la doctrina de *Pacifica* por una sencilla razón: la televisión abierta y la radio ya no son "medios omnipresentes que invaden los hogares de manera inesperada y sin invitación, accesibles a niños, incluso aquellos que no saben leer (en palabras del caso *Pacifica*)". Hay algo llamado Internet que es algo muchísimo más invasivo y es tratado de manera bastante más favorable en cuanto a la libertad de expresión.

¿Qué hizo la Corte? Primero, durante los argumentos orales, el juez Breyer (ver su biografía en la nota al pie nro. 23) le preguntó al abogado de la Fox por qué traían el caso a la justicia si la televisión abierta es un negocio que está agonizando y pronto dejará de existir. Es mortal escuchar cómo el abogado trata de sortear semejante embate, diciendo, con una risa nerviosa invadida por el pánico, que su cliente no consideraba lo mismo.

Segundo, como buen torero, la Corte optó por hacer caso omiso al pedido de los abogados de Fox de firmar el certificado de defunción de *Pacifica*. Le fue suficiente decir que Fox tenía razón por el otro motivo: "No podés cambiar las reglas sin antes avisar a quienes tienen que cumplirlas, FCC. Estamos de acuerdo con tu cambio de política: la palabra de 4 letras que empieza con F es una de las palabras más gráficas, explícitas, y vulgares que representa a la actividad sexual en el idioma inglés. Sin embargo, las multas por hechos anteriores al cambio de política deben ser suprimidas".

El fallo fue 8-0 (hubo una jueza que se excusó), y sólo dos jueces se animaron a meter el pie en el agua y decir que si la Corte hubiera decidido sobre la derogación de *Pacifica*, ellos hubieran votado a favor porque consideraban a *Pacifica* como regulación "obsoleta". Es un gran misterio saber por qué a lo largo de los últimos años la Corte se empecina en decidir lo inevitable. En esta ocasión se basó en un arma del derecho procesal administrativo (la falta de notificación) para salir del paso, pero sigue de manera terca pateando el debate hacia adelante. Es como cuando admirás a alguien (un escritor, un músico, un pintor), pero hay cosas de su pasado que no te simpatizan y optás por ignorarlas y hacerte el clásico y reverendo boludo. En fin, para qué ir por colectora si se puede ir gratis y más rápido por autopista, habrán dicho. Una de las teorías que intenta desvelar por qué no entraron en los razonamientos constitucionales es que este tipo de temas suele terminar 5 a 4 en la Corte, y al excusarse una de las juezas, no querían tratarlo si, al final, la lucha iba a terminar empatada 4 a 4.

En cuanto al multón a CBS por lo ocurrido durante el Superbowl en 2004, el canal se salvó. La Corte consideró que el fallo no debía llegar hasta ellos y, por ende, se confirmó lo decidido por la Tercera Cámara Federal de Apelaciones: la multa fue arbitraria y no debía imponerse. No obstante, la Corte aclaró que a partir de ahora, con el cambio de política ya bendecido por ellos, la FCC sí que podía multar por improperios aislados.

Si todo esto los conmueve y no entienden cómo por un lado los norteamericanos hacen caso omiso a la violencia transmitida por televisión, pero por otro consideran una cuestión de Estado al contenido indecente, no se preocupen, el gobierno llamó a un súper amigo. Vamos a conocerlo.

Capítulo 8: "My name is Chip, V-Chip"

A partir del 1 de enero de 2000 todas las televisiones con más de 13 pulgadas debían tenerlo instalado.

88% de estadounidenses nunca lo usó.

V-Chip

Rating voluntario impuesto por los distribuidores de contenido audiovisual:

TV-Y — Para todos los menores de edad.

Y7 — Apropiado para menores de edad que tengan más de 7 años.

G — Hijos pueden ver solos el programa, pero éste puede tener algún contenido violento o sexual.

PG — Se recomienda que los padres acompañen a sus hijos mientras ven estos programas.

TV-14 — No apto para menores de 14 años.

TV-MA — No apto para menores de 17 años.

V: violencia
S: sexo
L: lenguaje inapropiado
D: diálogo provocativo

De la mano de la última reforma de la Ley de Telecomunicaciones en los Estados Unidos, allá por el año 1996, llegó el V-Chip. Los estadounidenses estaban preocupados por algunas cifras inquietantes: antes de que los chicos terminaran la escuela primaria, cada uno de éstos estaba expuesto a 8.000 asesinatos y 100.000 actos de violencia en la televisión. El Congreso dijo que los chicos expuestos a estos actos tienden a tener un comportamiento violento una vez que llegan a la adultez.

Algo había que hacer, porque los padres no daban abasto con semejante tarea de relojear a sus hijos las 24 hs. ¿Qué hicieron entonces? ¿Restringieron contenido como lo hicieron con el material indecente? No, crearon el V-Chip.

> **Diputado 1 bicolor por haber usado las antiparras de ski en un Chapelco soleado:** "Carlitosss, ¡¿Qué hacés papá?!".
>
> **Diputado 2 que no sabe bien si seguir involucrado en la dirigencia de un importante equipo de fútbol de primera:** "Bien Ricota. Bien. ¿Viste el partido ayer?"
>
> **Diputado 1, mientras se saca las gafas de sol:** "Séee, ¡cómo los empomamos papá!".
>
> **Diputado 2, que sigue pensando si deja a su equipo o lo mueve entre las sombras:** "Sí. Yo vi el resumen nada más, que enganché Experto en Pinchazos por el canal Volver y me quedé viendo la película".
>
> **Diputado 1, mientras revisa su Blackberry:** "Uhhh, Olmedito queriiido, cómo te extraño. Y Porcel era un grande también".
>
> **Diputado 2, con ojos llorosos:** "Te juro que casi me largo a llorar de la emoción, ahí cuando Olmedo se hace pasar por vendedor de corpiños y le dice a la mina que

el talle no era el correcto mientras le tocaba las gomas. ¡Qué recuerdos!".

Asistente cerebral de Diputado 1: "Doctor (*aclaración: Diputado 1 es abogado, no médico, pero sí que tiene un doctorado summa cum laude en Derecho, así que vale llamarlo Doctor*), acá le entrego el reporte sobre la violencia en la televisión. El Consejo Nacional de Padres no levantó tanto la voz como contra la indecencia, pero están preocupados".

Diputado 1, estresado: "Uh, bue, algo vamos a tener que hacer. Convocá al equipo y veamos si a Diputado 3 y 4 no se les ocurrió algo y nos sumamos al planteo de ellos, que hoy estoy apuradísimo. Tengo que juntarme con este flaco que quiere hacer un negocio con unos paneles solares y no sé qué ley quiere que revisemos".

Éste puede parecer un diálogo entre diputados argentinos, pero no dista mucho de uno entre estadounidenses o franceses o italianos o españoles o colombianos o vos eligí tu preferencia.

*

El Congreso de los Estados Unidos ordenó que el V-Chip se instalara en todas las televisiones que tuvieran más de 13 pulgadas (vaya uno a saber por qué las de menos quedaron afuera de la ecuación, quizás porque para ellos si comprás algo de menos de 13 pulgadas no sos un ser humano real. Todo debe ser adquirido en grandes tamaños o enormes cantidades). Fue así que desde el 1 de enero de 2000 todas esas televisiones debían tener el aparatito instalado, el V-Chip.

Ahora, los miembros del Congreso no querían que viniera una avalancha de demandas por parte de los creadores de contenido audiovisual, diciendo que el V-Chip restringía a la libertad de expresión, pero también querían hacer algo para volver a ser elegidos, y fue así que buscaron la jugarreta más flexible para que todos se quedaran contentos: en vez de ser ellos, los reguladores, quienes pusieran la etiqueta a cada contenido, fueron los creadores de contenido audiovisual quienes debían decidir en qué casillero meter a cada programa.

> **Profesora de una prestigiosa universidad pública en Argentina:** "Señorita alumna, aquí tiene las 4 preguntas del examen final. Una vez contestadas, analice el contenido que usted volcó en cada una de sus respuestas y califíquese. Recuerde, si tiene 10 se gana una beca en Harvard".

¡Qué labor más difícil le queda a esta pobre alumna! Bueno, quienes distribuyen contenido audiovisual por televisión en los Estados Unidos tuvieron que inventar su propio sistema voluntario de calificación. Fue así que la *National Association of Broadcasters*, la *National Cable Television Association* y la *Motion Picture Association of America* establecieron un sistema voluntario de rating al contenido que pasaban. Lo llamaron *TV Parental Guidelines* (Pautas de Televisión para Padres). Éste se basó en el sistema que la *Motion Picture Association of America* (MPAA) usaba para las películas estadounidenses. Antes de que salga una película, le ponen un rating. De esta forma, el sistema tiene 6 niveles según la edad:

1) TV-Y: apta para todos los menores de edad;
2) Y7: apropiado para menores de edad que tengan más de 7 años;
3) G: los padres pueden dejar ver a sus hijos estos tipos de programas sin problemas, pero ojo que pueden tener algún contenido violento o sexual;
4) PG: algunos padres pueden considerar que el contenido es inapropiado para un menor de edad. Por tanto, se recomienda que los padres acompañen a sus hijos mientras ven estos programas;
5) TV-14: se sugiere a los padres que los menores de 14 años no vean estos programas;

6) TV-MA (*mature audience*): se sugiere a los padres que los menores de 17 años no vean estos programas.

Asimismo, además de categorizar por edad, crearon una categoría por contenido:

1) V: violencia;
2) S: sexo;
3) L: lenguaje inapropiado; y
4) D: diálogo provocativo.

Cada letra varía en su definición de acuerdo al casillero en que nos coloquemos (TV-Y, Y7, G, PG, TV-14, TV-MA). Por ejemplo, si un programa está calificado TV-14 (S), quiere decir que se sugiere a los padres que los menores de 14 no miren el programa debido a que tiene situaciones sexuales intensas. Por otro lado, si un programa está calificado TV-MA (S), quiere decir que los menores de 17 años no deben ver el programa porque muestra actividades sexuales de manera explícita.

Lo dicho en «¿Soy obsceno o indecente?», Capítulo 5: es muy difícil trazar una línea que satisfaga el punto medio de todos. Para mi tía Juanita, Obama puede ser un político moderado, y mi primo Jim puede pensar que es un socialista. Mi amigo Esteban puede pensar que Gastón Gaudio es uno de los tres mejores tenistas argentinos de la historia, y mi cuñado Rubén puede pensar que es un jugador tibio del montón que ganó Rolanga de casualidad.

O poniéndolo en el plano de los besos, ¿un beso amoroso entre dos hombres será calificado TV-MA (S) (no apto para menores de 17), mientras que un beso amoroso entre un hombre y una mujer a lo Beverly Hills 90210 lo calificamos TV-G (apto para todo público)? Lo que sí está claro es que estas clasificaciones son un arma letal para los padres cuando sus hijos se enojan porque no los dejan ver un programa. ¿Qué mejor que decir: "No Marquitos, eso no lo podés ver porque dicen –alguien, un ente superior que se especializa entre otras cosas en desmenuzar y poner a Pokemon en una categoría y a El Increíble Hulk en otra– que no es para chicos de tu edad"? Libre de culpa y cargo, el malo de la película es el ente, y los chicos no van a montar un piquete convocado vía Twitter enfrente de la *National Association of Broadcasters* o la *National Cable Television Association*.

El hecho de dejarles crear su propio rating fue esencial para evitar una avalancha de demandas amparadas bajo la Primera Enmienda. Este sistema restringe la libertad de expresión de un contenido audiovisual concreto (como puede ser un material que contiene violencia o sexo; no toca, por ejemplo, a los contenidos de noticias o deportes). El gobierno la hubiera tenido muy difícil en tribunales si llevaba la iniciativa y categorizaba al contenido, aunque ya vimos en el caso de George Carlin (ver «Las 7 malas palabras de la discordia», Capítulo 4) que el gobierno ganó de todos modos a pesar de haberse tratado de una norma de contenido parcial, con lo cual el gobierno hubiera tenido un rayo de color esperanza.

Todos colaboraron para pulir los últimos detalles del V-Chip en 2000: asociaciones de padres, productores, distribuidores, fabricantes, todos en el mismo barco, empujando como un solo Puma.

Bueno, entonces todo solucionado, ¿no? El 'gran pituto gran' ayudará a los padres para proteger a sus hijos de todas las inmundicias televisivas. ¡Órale! ¡Sí! ¡Aquí están, estos son, los colores del V-Chip campeón! El Congreso decidió utilizar la tecnología para dar a los padres la oportunidad de que sean ellos quienes controlen a sus hijos y decidan qué bloquear y qué no.

Genial, ¿no? Bueno, no tanto, porque el V-Chip resultó ser un terrible fiasco, terrible. Primero, así como cada ciudadano se queja de los típicos despilfarros de gastos de su gobierno de turno, los estadounidenses se deben haber enfadado cuando su gobierno se gastó en este fiasco 555 millones de dólares – 555.000.000, para que el guarismo guarango quede expuesto en todo su esplendor. La prueba contundente es que un 88% de estadounidenses aseguraron no haber utilizado nunca las bondades ofrecidas por el V-Chip. O sea, a los padres no les importó bloquear contenido alguno. Sería como la típica aplicación que te bajás jurando que la vas a usar toda la vida, y nada, no le das bola.

> **Gobierno enfadado:** "Pero queridos padres, ¿no armaron un escándalo para crear estas cosas o ir en contra de la indecencia? ¡Acá tienen al Padre de Todos los Pitutos que los va a llevar de la mano en la lucha contra el nefasto contenido de la televisión que invade a sus hijos durante largas horas de sus vidas!".
>
> **Padre, revulsivo:** "No gracias, yo quiero que me regules y decidas por mí, no tengo el tiempo de estudiarme los programas y ver cuál sí, cuál no".
>
> **Gobierno, enfurecido:** "Pero los canales ya te dan las clasificaciones, sólo tenés que hacer un simple click con el control remoto y ya está. Hasta tenés un 0-800 gratuito que te ayuda a hacerlo".
>
> **Madre contestataria:** "No, mirá, quedá vos mal, yo no quiero saber nada con esto".

La televisión brindaba este tipo de debates, pero el teléfono no se quedaba atrás. Y si no me crees echá un vistazo a lo que viene.

Capítulo 9: 0-800-Sabrina in Love

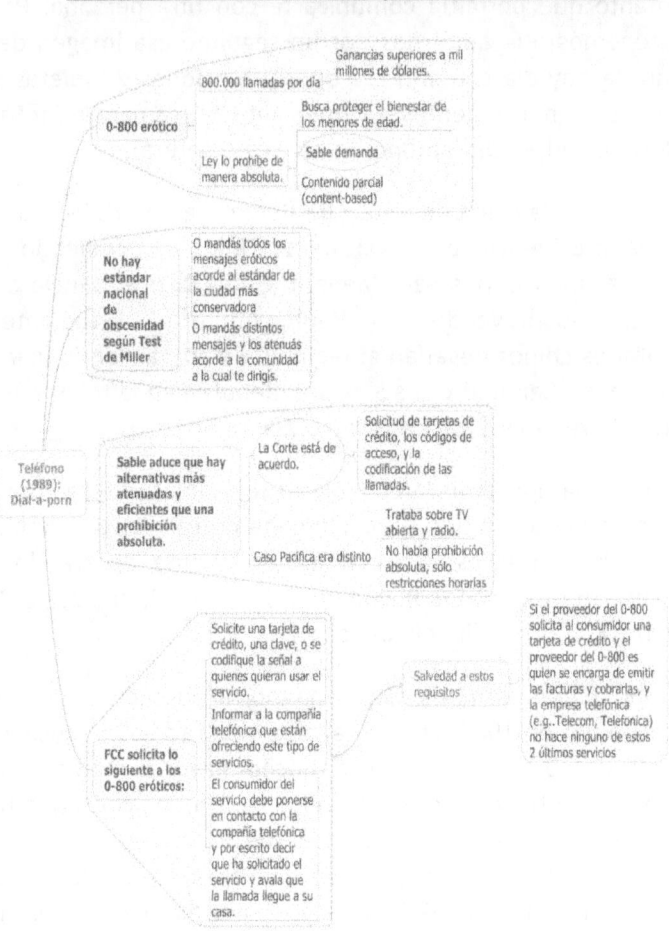

Antes que nada, tenemos que destacar que este caso se dio en 1989, cuando el teléfono era... bueno, eso, un maravilloso instrumento que permitía comunicarte con otra persona. Por tanto, tenemos que quitarnos por un segundo esa imagen del teléfono de hoy día con son sus *apps* y funciones y tabletas y fascinantes herramientas (Internet-chat-cámara-de-foto-filmadora-agenda-radio-equipo-de-música-etcétera).

Era la época de la caída del muro de Berlín. George H. W. Bush asume la presidencia de los Estados Unidos, sucediendo a Ronald Reagan, y Carlos Saúl Menem asume la presidencia en Argentina, sustituyendo a Raúl Alfonsín. Estudiantes universitarios chinos desafían al régimen de su país en la plaza de Tiananmen. Seinfeld y Los Simpson debutan en la televisión, mientras Nintendo saca al mercado el Game Boy.

También era la época en la cual discar un número de teléfono llevaba su tiempo, y a uno quizás le daba pereza ver que había muchos ochos y nueves en el número de destino, esperando a que el discador dé toooda la vuelta: 8, brrrrrrrr, 2, brr, 1, br, 3, brrr, 4, brrrr, 1, br, en fin, histórico.

El servicio *dial-a-porn* (llamá a una porno) comenzó en los Estados Unidos en 1983. Era un negocio muy rentable: consistía en llamar a un 0-800 por un costo mucho mayor a una llamada común y corriente, y te ponía en contacto con una chica que te hablaba de manera muy libidinosa acorde a la fantasía que uno pedía. En el año de su creación recibieron aproximadamente ochocientas mil (sí, 800.000) llamadas... ¡por día! Pasó a ser un negocio con ganancias superiores a mil millones de dólares.

Fue así que el gobierno movió la primera pieza, pero se le fue la mano en lo que se refiere a la libertad de expresión: sancionó una ley que prohibió de manera absoluta los servicios de *dial-a-porn*, incluso a adultos que deseaban utilizarlo, y cuando tenés un fabuloso negocio que te da ganancias millonarias vas a ir a tribunales y vas a poner toda la carne en el asador para seguir lucrando: "¡Me restringen mi libertad de expresión, Primera

Enmienda de mi Constitución!". Vamos a ver cómo lo resolvieron. Que cada uno ponga sus fichas de un lado o del otro y luego vea si la Corte Suprema de los Estados Unidos de 1989, en *FFC v. Sable Communications of California*, piensa como ustedes:

- La primera granada que *Sable* (la compañía que lucraba con el *dial-a-porn*) arrojó contra el gobierno fue una que hablaba de los estándares de obscenidad. Recordemos que con el *test de Miller* (ver «¿Soy obsceno o indecente?», Capítulo 5) se requería un análisis de los estándares de cada comunidad local. Según *Sable*, la prohibición total a la utilización del *dial-a-porn* hablaba de una obscenidad de carácter nacional, y eso los mataba. De querer continuar el negocio y llegar a todas las comunidades tendrían que amoldarse a los estándares de la comunidad más "puritana" de los Estados Unidos, y eso les iba a hacer perder gran parte de su negocio en las ciudades más rebeldes y amantes de Sodoma y Gomorra, porque allí los estándares de aceptación de escenas sexuales son más amplios que en ciudades más conservadoras, como Utah, y si les contás a los de Sodoma y Gomorra cuentos que son demasiado inocentes para sus gustos, éstos se van a aburrir y no van a usar más el servicio.

- La Corte, una vez que cayó la granada en su terreno de juego, la tomó y la volvió a arrojar hacia *Sable* antes de que explotara. Esa granada iba con un mensaje de este estilo: "No es inconstitucional que no haya un estándar uniforme y nacional de obscenidad. Si cada comunidad traza su línea en distintos lugares para determinar qué es obsceno y qué no, eso es algo que vos, *Sable*, sabías desde el minuto 1 que entraste a este negocio. Ganás lo suficiente para variar los mensajes acorde al oyente, y además estás en total libertad de elegir a qué comunidades dirigirte. No compro tu argumento. O aplicás los mensajes eróticos acorde al estándar de la ciudad más pura, o diversificás los mensajes y los atenuás acorde a cada comunidad a la cual te dirigís".

- *Sable* masticó bronca porque su primer ataque no rindió sus frutos, pero tenía otras sorpresas guardadas. Si bien *Sable* estaba completamente de acuerdo con proteger a los menores de edad frente a los mensajes obscenos e indecentes, ellos consideraban que, al menos en relación con los mensajes calificados de indecentes, la manera por medio de la cual el gobierno intentaba solucionar el problema no estaba suficientemente atenuada. La prohibición absoluta de estos llamados eróticos era pasarse de revoluciones.

En este caso, el gobierno está atacando a un contenido concreto (los llamados de contenido erótico). Recordemos que la ley que regula un contenido concreto sólo sobrevivirá en tribunales si restringe de la manera más atenuada posible a la libertad de expresión con el fin de promover un interés público fundamental. Si hay una alternativa distinta a la plasmada en la ley – en este caso, si hay una alternativa a la prohibición absoluta del *dial-a-porn*– que consiga con igual o mayor eficiencia el mismo fin que busca el gobierno al emplear dicha norma (en este caso, proteger a los menores de edad de contenidos eróticos) y esa alternativa restringe menos a la libertad de expresión, entonces el gobierno va a tener que usar esa alternativa y descartar la normativa que está actualmente en vigor.

- Esta segunda artillería pesada de *Sable* fue muy contundente. Sabían que la prohibición absoluta restringía en exceso a la libertad de expresión, y seguro que había otras alternativas más flexibles para proteger a los menores de edad. Fue ahí cuando el gobierno dijo que esto ya se había visto en *Pacifica* (ver «Las 7 malas palabras de la discordia», Capítulo 4) y el gobierno había recibido los laureles de la victoria en ese caso, y que por tanto acá también debían llevar las de ganar.

- La Corte no compró el argumento del gobierno. Primero, dijo que en *Pacifica* no hubo una prohibición absoluta, sino más bien restricciones horarias (de 6 a.m. a 0 hs.). Segundo, una cosa es la televisión abierta y otra muy distinta es el teléfono. Lo que le preocupó a la Corte en *Pacifica* fue que la televisión abierta y la radio eran consideradas medios invasivos. En el caso del teléfono no hay una audiencia captiva. Vos para hacer el llamado tenés que voluntariamente discar el número, mientras que con la televisión abierta o la radio, como dijeron en *Pacifica*, podés andar cambiando de canal de televisión abierta o de dial y escuchar sorpresivamente un mensaje no deseado. Llamar por teléfono es muy distinto a cambiar el dial y cruzarte por arte del azar con un mensaje indecente. Y eso es lo que la Corte quiso evitar en *Pacifica*. "Lo siento gobierno, pero vas a tener que venir con un argumento más convincente".

- El gobierno, tirando un manotazo de ahogado, insistió en que la prohibición absoluta de las comunicaciones indecentes era la manera más *light* para proteger a los menores de edad y evitar que ellos accedieran a estos llamados mefistofélicos.

- La Corte Suprema aplastó ese argumento como una hormiga. Entre otras cosas, dijo que la misma FCC preparó unos estudios que decían que la solicitud de tarjetas de crédito, los códigos de acceso y la codificación de las llamadas eran reglas que podían cumplir de manera satisfactoria con el objetivo: evitar que los menores de edad tuvieran acceso a estas conversaciones subidas de tono con alto contenido erótico. El gobierno juraba que eso no era suficiente para cuidar a los menores de edad, pero la Corte Suprema les dijo algo de este calibre: "No tenemos evidencia de que sea así. Dame la prueba y lo charlamos, pero mientras tanto no tenés las de ganar. Es muy probable que no haya un método infalible que garantice que nunca jamás un menor de edad utilice estos servicios, pero creemos que los métodos descritos anteriormente (solicitud de tarjeta de crédito, codificación de señal, acceso con pedido de clave) son suficientes para salvaguardar el bienestar de los menores de edad".

¿Y? ¿Sus fichas estaban del lado ganador? Una vez que la Corte dio su veredicto la FCC emitió una orden siguiendo la línea del fallo, siempre cuidando no despertar el odio de quien es restringido a la hora de querer decir algo.

Básicamente, la FCC, a cambio de levantar la prohibición absoluta del servicio, le pidió a estas compañías del tipo de *dial-a-porn* que cumplan con los siguientes pasos:

1) Se solicite una tarjeta de crédito, una clave, o se descodifique la señal a los consumidores que quieran usar el servicio;
2) Deben informar a la compañía telefónica (Telecom, Telefónica o AT&T de turno) que están ofreciendo este tipo de servicios de *dial-a-porn*; y
3) El consumidor que quiera este servicio de *dial-a-porn* debe también ponerse en contacto con la compañía telefónica y decir por escrito que, efectivamente, ha solicitado el servicio y consiente que la llamada llegue a su casa.

Este último punto fue el que puso los pelos (y no otra cosa) de punta a la industria del *dial-a-porn*. Claramente, el anonimato es el principal aliado de sus ganancias. Una cosa es ir a un videoclub, alquilar una película pornográfica, que el empleado del videoclub vea tu cara, pase tu tarjeta de crédito y te pida el DNI para chequear tus datos mientras la vecina del 4°B te ve entrar al negocio y se indigna y se lo cuenta al portero. Otra bien distinta es que desde la impunidad de la privacidad de tu casa llames a Sabrinita y ella te cuente cosas que te erizan la piel (y otras cosas también).

Una cosa es entrar a un club de strippers y ponerles plata bajo el escote, mientras que de golpe te das cuenta que tu suegro está haciendo lo mismo que vos tres mesas a tu derecha, y otra cosa más impune es que desde el templo privado de tu morada o, más arriesgado, tu oficina, pongas el video de la misma stripper y lo veas por webcam sin más testigos que tu consciencia.

Para analizar qué es lo que más restringe a la libertad de expresión es importante observar cómo se hace el bloqueo de la información y qué interés quiere proteger el Estado. Vos podés como gobierno solicitar que el bloqueo sea (i) <u>automático</u> (es decir, la señal va a estar encriptada y sólo se va a descodificar si yo, usuario, llamo y lo pido a la compañía telefónica), o (ii) <u>voluntario</u> (o sea, el servicio está habilitado para todos, pero para que la señal se encripte tengo que llamar a la compañía y pedir que me codifiquen la señal así no me llega limpia a mi casa).

En este caso concreto, la FCC argumentó que era mejor un bloqueo automático porque no bastaba con que un padre hiciera el bloqueo voluntario, ya que el adolescente, piola, podía hacerlo desde la casa de su abuela, o un teléfono público, o aún peor, desde su misma casa si el padre, madre o tutor no había hecho el llamado correspondiente para bloquear el servicio. Como ente regulador, la FCC prefiere evitar el daño antes de que ocurra. A su vez, aclararon que las normativas sancionadas no deben ser tan débiles, porque de lo contrario terminarán siendo papel mojado y de una inutilidad odiosa. Por tanto, fueron por la vía del bloqueo automático: "Si querés el servicio, tenés que pedirlo, campeón".

Muchos de la industria del *dial-a-porn* pensaban que estas medidas iban a llevarlos a la quiebra, pero como muchas leyes, ésta tiene su hueco por donde pasar, y con una gambeta de fantasía diabólica estas compañías podían evitar el bloqueo automático o voluntario gracias a un parrafito inocente de la norma sancionada por la FCC.

El punto central de la discusión –que el usuario del servicio se ponga en contacto con la compañía telefónica y por escrito pida que su línea quede habilitada– podía eludirse en tanto y en cuanto la compañía telefónica (Telecom, Telefónica, AT&T, etc.) no sea quien facture por ese servicio extra al consumidor. Para lograr esto, la industria del *dial-a-porn* simplemente debía pedir la tarjeta de crédito al usuario de sus servicios, ávido de escuchar sus fantasías de *Libido Land*, y la misma *dial-a-porn* (y no las Telefónica, Telecom o AT&T de turno) debía facturar de manera directa a sus clientes por estos llamados.

Entonces, no sólo estas compañías evitaron de este modo que sus clientes pasaran por la poco honorable tarea de pedir por escrito a su proveedor de línea telefónica que querían recibir en su casa el servicio de escuchar cuentitos subidos de tono, sino que también se ahorraron plata por realizar de manera directa todo el servicio de emisión de facturas y recolección del dinero por el servicio *Premium*, sin la ayuda de Telefónica, Telecom, AT&T o la empresa telefónica que fuese. Con esta excepción (utilizada por todos, obviamente) lograron reinsertar a sus clientes en un anonimato similar al que tenían antes de la demanda.

Lo único distinto que los clientes iban a tener que hacer era dar su tarjeta de crédito a la compañía *dial-a-porn* (las otras dos alternativas eran el acceso con código o la codificación de la señal) y listo el pollo. No hacía falta emplear los bloqueos automáticos o voluntarios porque la ley otorgaba esa bendita excepción: si el proveedor de *dial-a-porn* sólo solicitaba una tarjeta de crédito al usuario de sus servicios, se encargaba de emitir las facturas y cobrarlas, y la empresa telefónica no hacía ninguno de estos dos últimos servicios, entonces barra libre para *dial-a-porn*.

Y sí, *ladies and gentlemen*, por allá arriba, en el norte de nuestro continente, los legisladores y agencias gubernamentales también se mandan sus macanas.

Capítulo 10: El imperio Playboy

- Canales encriptados
  - Señal se descodifica accidentalmente por breves segundos en diferentes momentos del día.
- Ley ofrecía 2 opciones
  - 504 Operadores de cable deben bloquear aquellos canales que por pedido expreso de sus clientes no quieren recibir.
    - Bloqueo voluntario individual a solicitud de cada cliente.
  - 505 Operadores de cable deben (a) bloquear o codificar aquellos canales eróticos, o (b) limitar su transmisión entre las 10 p.m. y las 6 a.m.
    - Bloqueo automático por parte del operador de cable.
    - Todos optaron por (b). Buscan evitar multas por descodificación accidental.
    - Aproximadamente un 50% de clientes de Playboy veían su programación antes de las 10 p.m.
    - Playboy demanda
- Playboy (2000) Canal de cable premium
- Corte Suprema decide a favor de Playboy
  - Cable:
    - Medio menos invasivo que TV abierta y radio.
    - Al cable lo elegimos: abonamos mes a mes; de manera continua confirmamos nuestro deseo de quererlo.
    - TV abierta: elegimos una sola vez al comprar la tele y poner la antena.
    - Decisiones adicionales: canales premium
    - Canales abiertos vienen todos en un paquete: "tómalo o déjalo".
  - Mayor protección bajo Primera Enmienda.
  - Contenido parcial
    - Hay una medida que restringe menos la expresión y es más eficiente.
    - 504 es suficiente: bloqueo voluntario por parte de los consumidores.
    - 505 inconstitucional

Hugh Hefner es un tipo que nació en 1926 (al momento de escribir estas líneas tiene 86 pirulos) y fundó una de las revistas más destacadas del siglo XX: Playboy. Hefner, de padres conservadores, tuvo la hidalguía de crearla en 1953, desafiando todos los tabúes de la época: una revista que mostraba mujeres desnudas e incluía interesantes artículos y cuentos escritos por genios como Ian Fleming (creador de un tal James Bond) o Arthur C. Clarke (¿Les suena 2001 Odisea en el Espacio?). La primera tapa la ligó nada más y nada menos que Marilyn Monroe.

Hefner tiene 4 hijos. Christie nació en 1952, David en 1955, Marston en 1990 y Cooper en 1991. Christie y David los tuvo con su primera mujer, Mildred Williams. Marston y Cooper los tuvo con su segunda mujer, una ex conejita (Playmate 1988) llamada Kimberley Conrad.

Una vez separado de su segunda mujer, Hefner tuvo varias novias, muchas jovencitas. Hasta estuvo de novio al mismo tiempo con dos gemelas, Kristina y Karissa Shannon... ¡de 20 años! Madre de todos los cielos. ¿Se imaginan a los padres de estas criaturas al enterarse de esta noticia?

Padre de las bebotas Kristina y Karissa: "Niñas, ¿vienen a comer?".

Kristina y Karissa, vestidas de colegialas y con trencitas: "Sí papi, nos lavamos las manos y vamos".

Padre de las bebotas, ya en la mesa: "¿Y, qué novedades tienen?".

Kristina, mientras termina de tomar la sopa y chupa la cuchara: "¡Estoy de novia, papi!".

Padre de las bebotas, limpiándose la boca con su servilleta blanca y sedosa: "Ah, pero qué bien. ¿Dónde lo conociste?".

Kristina, excitada por contarle la novedad: "En una fiesta que hizo en su casa. No sabés lo que es, papi, ¡una mansión en el barrio más elegante de Los Ángeles!".

Padre de las bebotas entusiasmado porque piensa que su hija acaba de engancharse con el hijo de un multimillonario: "Pero qué bonito. ¿Qué hace el padre?".

Kristinita, jugando con sus trencitas: "Nada papi, se murió hace mucho tiempo".

Padre de las bebotas completamente excitado porque está convencido que la guita la tiene el hijo y el calvario de los litigios por la herencia son historia: "Oh, siento lástima por él... Perder a su padre de tan joven. Debe haber sido muy duro".

Kristinita, tratando de entender lo que dice su padre, continúa jugando con sus trencitas y pone cara de "no entiendo lo de la hipotenusa y ¿quién es este Pitágoras?": "¿A qué te referís, papi?".

Padre de las bebotas diciendo, para él, una obviedad: "No, que debe ser duro para él haber visto a su padre morir de tan joven y tener que llevar todas las cosas de la familia".

Kristinita, sonriente, deja de jugar con sus trencitas y suspira porque su papi está equivocado: "Tiene muuucha experieeeencia papi, ya no es un chico".

Padre de las bebotas, ahora entendiendo que el novio es un tipo más grande que su bebota predilecta: "Ah, pero qué bien que hayas elegido a un hombre maduro. Me gusta que hayas tomado la decisión de estar con una persona exitosa y con experiencia".

Kristinita, emocionada por la ternura de papi: "Aaaay, ¡graaacias paaapi! ¡Qué bueno que te guste que esté con gente más grande! Al principio pensaba que no te iba a gustar que estuviera con un hombre de 86 años".

Padre de las bebotas, escupiendo la sopa minestrone y comenzando a sentir un cosquilleo en el pecho izquierdo: "…"

Karissa, la otra hermanita gemela, con su flequillo parejito y unas pestañas largas y seductoras, excitada por dar la otra noticia, no aguanta y la dice nomás: "¡¡¡Y yo también estoy saliendo con él!!!".

Padre de las bebotas, cae de la silla y muere de un infarto masivo.

Luego de un breve resumen de quién es Hugh Hefner, es hora de contar de qué trata este caso. Para esto, tenemos que pedir a los "ancianos" lectores del universo analógico que viajen al mundo de los recuerdos y tomen la imagen de ir haciendo *zapping* hasta pasar por los canales de fútbol codificado o los canales eróticos como *Venus* o *Playboy*. Si uno no estaba suscripto, lo que veía era una imagen muy borrosa, incomprensible, como si la antena no pudiera sintonizar el canal. A su vez, el sonido tampoco se podía escuchar. Sin embargo, de vez en cuando, por arte de magia uno podía por escasísimos segundos ver una imagen, y quizás escuchar algo: un gol, en el caso del fútbol codificado; un gemido u onomatopeyas afrodisíacas, en el caso del canal Venus.

Bueno, esa centésima de segundo en la cual el sonido o la imagen salían a la luz como si el canal fuera descodificado por un deseo impuro y telepático del televidente fue lo que generó que en el año 2000 la Corte Suprema de los Estados Unidos pasara largas horas de debate y análisis. El hecho de que un menor de edad o un adulto no deseoso de escuchar o ver esas cosas pudiera toparse con una imagen nítida o un audio limpio de una escena erótica por menos de un segundo despertó preocupación en el gobierno. Y hubo demanda, y llegó hasta la Corte Suprema que, recordemos, revisa muy pocos casos por año (unos 100), sólo los más importantes.

El tema era el siguiente:

- Sobre la mesa había dos normas:
    - (i) la 504 indicaba que los operadores de cable debían bloquear aquellos canales que sus clientes pedían de manera expresa. Esto podemos tomarlo como un sistema de bloqueo voluntario individual proveniente del deseo de cada cliente que se suscribe al cable: si no lo quiero, aviso a la compañía de cable para que lo bloqueen.
    - (ii) la 505 exigía lo siguiente a los operadores de cable que ofrecían canales dedicados primariamente a programación erótica: (a) bloquear o codificar aquellos canales, **o** (b) limitar su transmisión a horas en las cuales los chicos muy probablemente no estén mirando la tele (en este caso, se estableció el horario de 10 p.m. a 6 a.m). Sería un bloqueo automático por parte del operador de cable: ellos lo bloquean, y si lo querés, tenés que pedirlo.

Para cumplir con la 505, los operadores de cable optaron por la opción (b) de esa norma: se limitaron a transmitir los canales de tinte erótico entre las 10 p.m. y las 6 a.m. No querían usar la opción (a), porque de hacerlo corrían el riesgo de que la señal se descodificara por un brevísimo lapso y eso sea motivo de multa.

El imperio Playboy se vio afectado: aproximadamente un 50% de sus clientes veían su programación antes de las 10 p.m., hora en la cual comenzaba para la 505 el viva la pepa. Playboy demandó, llorando porque no sólo perdía dinero, sino porque le restringían su derecho a expresarse libremente. Nuevamente tiren sus fichas por un ganador: ¿el gobierno de los Estados Unidos o Hugh Hefner?

Recordemos: cuando una normativa regula por su contenido a una expresión (sexo no te dejo, pero todo lo demás está perfecto y te doy pulgar para arriba, por ejemplo), el gobierno sólo puede restringirlo de la manera más fina y atenuada posible, y tiene que promover un interés público fundamental – en nuestro caso, como no podía ser de otra manera, el interés público fundamental será la salud y el bienestar de los menores de edad. Si hay otra alternativa que restrinja menos al contenido, y esa alternativa es igual o más eficiente para promover ese interés, entonces hay que utilizarla y tirar por la borda a la normativa vigente.

Quien llevó la batuta en este fallo, que nuevamente quedó 5 a 4 en la votación, fue el juez Anthony McLeod Kennedy[13].

La Corte, primero, dice que el cable es una cosa distinta a la televisión abierta o las emisoras de radio, en gran parte porque no hay utilización del espectro electromagnético (ver «El diario es mío y sólo mío y digo lo que quiero, galán», Capítulo 2). Por tanto, ya avisa que habrá un escrutinio más suave de cara a analizar si la normativa es constitucional o no.

También nos dice que los operadores de cable tienen mejores sistemas de bloqueo que la televisión abierta, puesto que éstos permitían un bloqueo casa-por-casa acorde a los deseos de sus suscriptores[14].

Es realmente fascinante ver el corte distintivo que hacen entre el cable y la televisión abierta, y verlo desde la perspectiva

---

[13] Oriundo de California, sin vínculo familiar con el clan Kennedy que todos conocemos. Será por eso que no lo asesinaron como a John o Bobby, o no tuvo una muerte accidentada y trágica. Fue elegido juez de la Corte Suprema por Ronald Reagan en 1988, previo paso por la Novena Cámara Federal de Apelaciones.

[14] Nota: este fallo salió justo cuando el V-Chip comenzaba a funcionar (ver «My name is Chip, V-Chip», Capítulo 8). El V-Chip, en teoría, era un sistema similar al que tenía el cable, pero en vez de llamar al operador para restringir contenido, uno lo hacía desde su propia casa con el control remoto.

histórica. Quince años antes de este fallo (1985, para ser más precisos), en los inicios del mundo comercial del cable (había comenzado muchos años atrás, pero recién por ese entonces se convirtió en un modelo de negocio muy rentable), la Undécima Cámara Federal de Apelaciones de Estados Unidos tuvo un caso llamado *Cruz v. Ferre*, donde basó su decisión en una brutal distinción entre el cable y la televisión abierta. En pocas palabras, para ese tribunal la gran diferencia era que, mientras la televisión abierta dominaba y era un intruso que entraba en todas las casas de los estadounidenses, en el caso del cable uno lo "invita", lo "elige" y lo trae a su casa. Asimismo, el consumidor tendrá que tomar decisiones adicionales si quiere canales *premium*, como por ejemplo HBO, mientras que los canales abiertos vienen todos en un paquete, en un "tómalo o déjalo". Uno podría pensar que al comprar una tele y poner la antena también está "invitando" a los canales de televisión abierta a su casa, ¿no? Pero el tribunal no se inmutó por ese argumento y aclaró que el cable lo pagamos mes a mes y así, de manera continua, confirmamos nuestro deseo de querer recibir el cable, mientras que con la televisión abierta decidimos sólo una sola vez: al comprar la tele y poner la antena. De este modo, dicho tribunal federal pudo hacer una distinción entre este caso y *Pacifica* (ver «Las 7 malas palabras de la discordia», Capítulo 4), y expresar que el interés del gobierno de regular el cable en este caso concreto (*Cruz v. Ferre* se refería a una norma que dictaba una prohibición absoluta de programación calificada de indecente en una ciudad del Estado de Florida) era un interés público de poca importancia y, para peor, la prohibición absoluta era ir demasiado lejos. Por lo tanto la normativa analizada en *Cruz v. Ferre* debía anularse.

Pero volviendo al caso Playboy. La Corte dijo algo muy sencillo: "¿Para qué tenemos la 505 –elección de un bloqueo automático del operador de cable, o transmisión del contenido indecente de 10 p.m. a 6 a.m.– si con la 504 –bloqueo voluntario a pedido de cada suscriptor a su operador de cable– ya cubrimos el problema?". Según la Corte, el gobierno debía demostrar que si sólo utilizaban la 504 y dejaban de lado la 505, el interés de proteger a la salud y el bienestar de los menores de edad iba a ser dinamitado en mil pedazos porque la 504 no era suficiente para protegerlos.

La Corte continuó diciendo que hubo una época en la cual se trabó una medida cautelar y la 505 no pudo utilizarse, dejando como única herramienta al bloqueo voluntario de la 504. Resultó ser que sólo un 0,5% de los clientes de los operadores de cable pidieron algún tipo de bloqueo sobre algunos canales que ofrecían contenido subido de tono, notando que el público recibió a este problema con un, en palabras de la Corte, "bostezo colectivo". Dicho de otra manera, a la gente le daba igual.

Por tanto, había que encontrar una explicación a por qué tan poca gente pidió el bloqueo voluntario. Si el gobierno quería ganar el caso tenía que probar que el bloqueo voluntario no era un arma efectiva para encarar el problema de las señales descodificadas de manera involuntaria por escasos segundos. Por otro lado, si Playboy quería ganar tenía que demostrar que la gente no usó el bloqueo voluntario porque la verdad de la milanesa era que la descodificación de segundos (o menos de un segundo) de la imagen o el sonido no era un drama de interés público fundamental que debía ser regulado con un bloqueo automático.

La Corte creyó que Playboy tenía razón. Según ella, no había evidencia que demostrara el daño que pudieran generar unas centésimas de segundo de descodificación de la imagen o sonido. El gobierno sí presentó algunos videos con imágenes y sonidos descodificados en todo su esplendor y gloria, que aparecían por brevísimos instantes, pero acá viene una manera genial de torear una prueba que, como juez, querés desechar para seguir manteniendo tu postura. Suelen decir algo así: "Sí, sobre los videos que me mostraste, esteee, algunos son un pelín explícitos, otros muestran la clásica imagen de "nieve" o de interferencia, pero no me ofrecés una buena explicación. No me decís, por ejemplo, hasta qué punto estos videos que me presentás son representativos de lo que aparece en las pantallas televisivas a nivel nacional. Como gobierno no me estás dando evidencia del número de casas actualmente expuestas a esta descodificación de imágenes y sonidos, y por tanto no me estás cuantificando el daño. Lo único que tenemos son algunas quejas de algunos usuarios, pero eso no es suficiente. Si millones son los afectados, entonces deberíamos haber tenido millones de quejas. No las hubo".

Además, Kennedy adujo que, si ante las opciones que daba la 505 de (i) bloquear por parte de los operadores de cable a cualquier hora, o (ii) mostrar los programas de 10 p.m. a 6 a.m., los operadores de cable usaban esta última, el problema de la descodificación iba a continuar, en otros horarios, seguro, pero iba a estar allí presente, no se iba a ir. La 505 te daba una opción que mantenía el problema que aducía el gobierno: imágenes indecentes, aunque en horarios distintos.

Conclusión: entre una norma que asumía que el silencio de un cliente significaba que su deseo era ver todos los canales (sin importar su contenido) y otra norma que asumía que para ver canales de contenido sólo apto para adultos uno debía llamar al operador y pedir que los descodifiquen, ganó la primera norma: bloqueo voluntario. Si te quedás en silencio, lo tenés. Si no lo querés, tenés que pedir que lo bloqueen.

¿Y? ¿Tus fichas estaban del lado ganador? Recordemos que años atrás, para el caso del *dial-a-porn* (ver «0-800-Sabrina in Love», Capítulo 8) se terminó implementando un sistema de bloqueo automático para los servicios telefónicos *hot*, dando la posibilidad de "abrirlo" si vos dabas el número de tu tarjeta de crédito o creabas tu clave de acceso y, si la compañía telefónica se llevaba una tajada del servicio de charlas eróticas, entonces cada usuario del servicio *hot* debía pedir por escrito al proveedor de la línea telefónica que lo habilite para recibir estos llamados calientes. No obstante, en este caso (descodificación accidental de las imágenes eróticas por breves segundos en cable) consideraron que el bloqueo voluntario por parte del consumidor era suficiente.

Pero hay más del cable, sí, mucho más. Imaginate que sos el dueño de un operador de cable, te va bárbaro, y de golpe un señor llamado Estado, en una actitud desafiante te dice: "Un tercio del espacio de tu grilla, me lo reservás para los canales de televisión abierta, y lo hacés gratis". ¿Qué hacés?

Capítulo 11: Cable on the rocks: 1/3 Gancia, 1/3 whisky, 1/3 pomelo

Cable (Turner, 1994)

- De aliado de la TV abierta pasó a ser su competidor.
- O tenías cable o tenías TV abierta. No existía tecnología (el A/B switch) para tener los 2 a la vez.
- El Congreso encontró que el 60% de las casas utiliza el cable.

Ley
- Operador de cable con una grilla de más de 12 canales y más de 300 suscriptores
- Está obligado a dejar 1/3 de la grilla para canales de TV abierta local.
  - Si piden ser incluidos en la grilla los tienen que incluir gratis.
  - Al dejar 1/3 disponible para canales de TV abierta van a ingresar menos canales de cable a la grilla y se reduce el control del operador de cable sobre el contenido que brinda a sus televidentes.
    - *Operador de cable demanda y pierde*

El cable es un monopolio natural.
- Peligro: cuello de botella. Controla qué canales llegan al consumidor.
- Si operador de cable se niega a poner en su grilla a un canal de TV abierta, éste sufrirá pérdidas en los ingresos por publicidad.
- Peligra la viabilidad económica y la calidad de TV abierta.

- La ley se impone a todos los operadores de cable, sin importar qué contenido transportan a los televidentes.
- El dejar 1/3 disponible a canales de TV abierta sólo depende del número de canales que tenga el operador de cable, no del contenido que transmita.
- El beneficio es para todos los canales de TV abierta, no para algunos que tengan cierto contenido particular (e.g. noticias locales, deportes, etc.).

Ley de contenido neutral
- Hay una distinción entre programadores del mercado: el cable vs. televisión abierta
- Pero la distinción no se hace por los mensajes que transmiten, sino que se hace sobre la manera en que transmiten el mensaje.
  - Cable — Con cables.
  - TV abierta — Espectro electromagnético. Gobierno les concede licencias para utilizar una frecuencia exclusiva.

Intereses protegidos
- (i) el beneficio para la gente de seguir accediendo de manera gratuita a la TV abierta.
  - Evita el peligro de la extinción de la TV abierta por falta de anunciantes publicitarios que se pasan al cable.
- (ii) promover la diseminación de información de diversas fuentes.
- (iii) promover la competencia justa y razonable en el mercado de la programación de la televisión.

La industria del cable empezó en 1949 en Astoria, Oregon, con un objetivo completamente distinto a su destino final. Su intención original era ser un humilde servidor de la televisión abierta. El cable mejoraba la recepción de los canales de televisión abierta en los pueblos donde la señal de éstos no llegaba bien. Conectaba las casas con unos cables coaxiales a antenas de televisión que tuvieran mejor recepción. El operador de cable se llevaba unos morlacos (i) del consumidor que pagaba por el cable y (ii) de los canales de televisión abierta que le pagaban una comisión para que a través de él llegaran a las casas donde había mala recepción.

Así, el cable era para la televisión abierta como la Madre Teresa de Calcuta o Gandhi... hasta que se convirtió en una banda de secuaces comandada por Gárgamel de los Pitufos, Úrsula de La Sirenita, Siegfried de Kaos, Pierre Nodoyuna y Patán de los Autos Locos, el Guasón de Batman (la serie de los sesenta, obvio), Skeletor de He-man y el Coyote de Correcaminos. Sí, el cable pasó a ser un emblemático villano, porque de un día para el otro empezó a proveer no sólo las señales de aquellos canales de televisión abierta local que tenían mala recepción, sino que también comenzó a ofrecer canales de televisión abierta de otros lugares. De golpe, un tipo de Illinois se encontró con la novedad de recibir, además de los usuales canales locales de televisión abierta de su ciudad, canales locales procedentes de, por ejemplo, Nueva York, y aquel amigo fiel de Toy Story que era el cable pasó a ser el acérrimo enemigo de la tele abierta. Hoy día el cable es una plataforma bestial de infinitos canales para el ávido consumidor: canales de cocina, historia, turismo, películas, series nuevas, series viejas, noticieros de Francia, España, Reino Unido, Italia, Estados Unidos, Alemania, Brasil, Emiratos Árabes, canales gallegos, asturianos, catalanes, deportes, erotismo, arte, música, idiomas, y tantas otras cosas más para pasar un rato entretenido.

Hubo un gran problema cuando el cable pasó a llevar señales de otros canales de televisión abierta provenientes de otras ciudades: la gran mayoría de las televisiones no tenían el clásico aparatejo que le permitiera al consumidor pasar del cable a la tele abierta tocando un simple botón, pasando de "a" a "b" en un segundo (el conocido *A/B Switch*). O tenías cable (que utilizaba cables coaxiales) o tenías tele abierta (que viajaba por el espectro electromagnético y llegaba a la tele de una casa gracias a la clásica antena interior, también llamada antena de conejo o antena en V, que solía estar arriba de tu tele). Entonces, si elegías cable tirabas la antena de conejo por la ventana porque era inútil, y viceversa. Esto generó un giro drástico en el negocio de la televisión abierta, porque ellos pagaban una licencia por tener la señal conducida por el espectro electromagnético, propiedad del Estado, y vivían de la guita que les entraba de las publicidades que pasaban por su canal. Si el cable les quitaba suscriptores o telespectadores, los canales de televisión abierta generaban menos plata en publicidad y el negocio se les iba al demonio.

Y ahí fue donde papá Estado entró en acción a través de su hijo rebelde "Congreso". Lo que sacaron con la varita mágica de Harry Potter fue la siguiente sección de la Ley de Cable de 1992:

> - Si sos un operador de cable en una ciudad o pueblo "x", y tenés una grilla de más de 12 canales y más de 300 suscriptores, vos como operador de cable tenés la obligación de dejar un tercio de la grilla para canales de televisión abierta del pueblo (tipo Telefé, el 13, Nueve, en el caso de Argentina; o tipo Antena 3, Telecinco, Cuatro, en el caso de España), y si ellos te piden que los incluyas en tu grilla vos lo tenés que hacer... gratis. Y les tenés que dar el número de canal que usan en la televisión abierta.

Para resumir: si sos un operador de cable y tenés una grilla de 30 canales, tenés que dejar 10 para la tele abierta de la localidad correspondiente (por ejemplo, si operás en Mar del Plata y tenés una grilla disponible de 30 canales, 10 de ellos debés reservarlos para los canales de TV abierta de Mar del Plata). Si hay más de 10 canales de tele abierta que quieren ser incluidos en la grilla del cable con capacidad para 30 canales, el operador de cable elegirá cuáles son los 10 que van a quedar en la grilla. Si los que piden entrar en la grilla son menos de 10, entonces se incluyen a todos, y si queda un hueco el operador de cable lo usará a gusto y placer.

Como se podrán imaginar, los dueños de los operadores de cable sintieron cosquilleos en el brazo izquierdo mientras tomaban un café con leche y leían tranquilamente estas noticias en el diario. En el ínterin, los dueños de canales de televisión abierta se reían con una risa mefistofélica, con sonido de galpón de fondo.

Lógicamente, los operadores de cable contrataron un ejército de abogados, tipo del estilo del Señor Burns cuando alguien pegaba el grito al cielo diciendo que la planta nuclear de Springfield no era segura. Bueno, esta batalla llegó a la Corte Suprema en 1994, dos años después de la sanción de la Ley de Cable, y casualmente fue el mismo juez del caso que vimos anteriormente (ver «El imperio Playboy», capítulo 10), Anthony McLeod Kennedy, quien lideró el voto de la mayoría. Nuevamente el partido terminó parejito: 5 votos a 4.

¿Quién ganó? Recordemos, papá Estado les estaba pidiendo a los operadores de cable que dejen un tercio de su "caño" transportador de contenido audiovisual para aquellos canales de televisión abierta de la localidad en la cual ofrecían cable, y debían hacerlo de forma gratuita.

El juez Kennedy alzó la voz en el caso conocido como *Turner Broadcasting v. FCC* y le dijo al pueblo lo siguiente:

> - El éxito del cable está destruyendo a la televisión abierta. Le está quitando toda su audiencia.
> - El Congreso encontró que el 60% de las casas está utilizando el cable. Es decir, la televisión abierta, de no ser incluida en la grilla del cable, se queda sin el 60% de sus telespectadores (acuérdense que si bien existía

el llamado *A/B Switch* para tener las dos cosas a la vez, la Corte aclaró que el propio Congreso, al sancionar la ley, estudió la opción para luego desecharla. Concluyeron que no era económicamente viable repartir el *A/B Switch* a mansalva a todos los televidentes. Además, la mayoría de las antenas que tenían los estadounidenses no estaban adaptadas para incorporar el *A/B Switch*, el cual sufría serias deficiencias tecnológicas. Hasta dijeron que, en varios casos, el uso del *A/B Switch* era imposible o causaba muchas interferencias).

- El cable es un monopolio natural[15]. Esta posición de los operadores de cable (un monopolio avalado por el Estado) les daba margen para dañar a la televisión abierta. El cable pasó a ser su competidor en vez de un aliado, y la televisión abierta estaba perdiendo la batalla porque el operador de cable podría negarse a ponerlos en su grilla o bien podía ponerlos en una posición distinta que le generaría desventajas (por ejemplo, aunque vos tuvieras el canal 2 de televisión abierta igual te meto en el canal 73).

- Si el operador de cable se niega a poner en su grilla a un canal de televisión abierta, éste sufrirá pérdidas considerables en los ingresos derivados de publicidad (menos ojos para ver los anuncios publicitarios es igual a menos dinero que le ingresa al canal de televisión abierta por publicidad). Y esta ganancia se puede transferir a los canales que estén en la grilla del cable.

- Si el Congreso no hacía algo al respecto, la viabilidad económica y la calidad del contenido

---

[15] En esa época, principios de los noventa, el gobierno de Estados Unidos veía al cable como un monopolio natural. Esto lo vamos a ver en «Monopolio diabólico», Capítulo 13.

brindado por los canales de televisión abierta podrían llegar a su fin.

- Los operadores de cable y los canales de cable "hablan", por tanto tienen como herramienta de defensa a la Primera Enmienda, con la cual pueden sostener que les están restringiendo la libertad a expresarse (y ganar unos buenos mangos, sin dudas). Al dejar un tercio de la grilla disponible para canales de televisión abierta reducen la posibilidad de que más canales de cable puedan entrar en la grilla y, a su vez, reduce el control editorial de los operadores de cable dueños de la "cañería" a través de la cual brindan contenido a sus televidentes.

Luego vino la parte del caso en la cual la Corte tuvo que decidir si la normativa empleada era de contenido neutral o de contenido parcial. Recordemos que dependiendo en qué casillero caigas, el gobierno deberá probar más o menos cosas para sostener la legalidad de la norma que creó. Repasemos:

Contenido neutral (*Content neutral*)	Contenido parcial (*Content based*)
Aplicar escrutinio intermedio (*intermediate scrutiny*, también llamado *time, place and manner*). Aquí se analiza si: i) La normativa fomenta un interés público importante (*important or substantial government interest*); ii) Dicho interés no está vinculado con el discurso que se censura o restringe (ejemplo: prohibir la venta de productos u obras de arte en la calle por parte de los vendedores ambulantes que no tengan la correspondiente licencia, con el objetivo de evitar el congestionamiento del tráfico y de la libre circulación de los peatones. Mi interés —evitar congestionamiento en el tráfico— no tiene nada que ver con querer restringir una expresión); iii) La restricción incidental sobre la libertad de expresión es inferior a la promoción del interés regulado y se le dejan canales alternativos para expresarse (siguiendo el ejemplo: si el artista no logra conseguir una licencia para vender sus obras en la calle y	Aplicar escrutinio estricto (*strict scrutiny*): la normativa sobrevivirá en tribunales si restringe de la manera más atenuada posible a la libertad de expresión, con el fin de promover un interés público fundamental (*compelling interest*). Si hay una alternativa distinta a la plasmada en la normativa vigente que consiga con igual o mayor eficacia el mismo fin que busca el gobierno, y dicha alternativa restringe menos a la libertad de expresión, entonces el gobierno va a tener que usar esa alternativa y descartar la normativa que está actualmente en vigor.

queda en lista de espera, si aún así el artista puede vender sus obras en otros sitios (galerías, museos, negocios, mercados de pulgas, su casa, venta *on line*, etc.), entonces el artista tendrá otros canales de comunicación a través de los cuales va a poder expresar su arte); iv) La restricción no necesariamente tiene que ser lo más atenuada posible. La normativa seguirá en vigor aunque hubiera otras alternativas que restringieran menos a la libertad de expresión, siempre y cuando el interés legítimo que persigue el Estado (evitar el congestionamiento del tráfico, entre otros) sea alcanzado de manera menos eficiente si quitamos a la normativa en vigor (siguiendo el caso: si quito los cupos a la licencias para vender en la calle la ciudad va a ser un caos. Puede haber otra alternativa mejor, pero ésta sin dudas beneficia a evitar que haya una calle congestionada, y eso es suficiente).	
Ejemplo: No se puede escuchar	Ejemplo: No se pueden

música a través de altoparlantes después de las 23 hs.	escuchar tangos a través de altoparlantes después de las 23 hs., pero sí podés pasar todos los otros estilos musicales.

Parecería que esto es fácil de resolver, pero si este fallo terminó 5 a 4 hay dos opciones: (i) que sea más complejo de lo que parece, o (ii) que los abogados y jueces hacemos difíciles las cosas simples (la célebre Susanita, de Mafalda, estaría muy enojada porque los abogados y jueces no quieren ser simples). Así es, las leyes que distinguen un discurso de otro sobre la base de las ideas que expresan sería una normativa de contenido parcial o concreto. Parece fácil, pero con la ingeniería creativa de los abogados uno puede dar vuelta un argumento y pasar a decir que el Beatle más creativo fue Ringo.

Para la Corte la normativa que tenían que estudiar era de contenido neutral. Acá van los motivos:

- La carga que se le impone a los operadores de cable y los beneficios que se le dan a quienes quieren ser incluidos en la grilla del cable no se vinculan a un contenido en especial que ellos expresan. Las reglas se imponen a todos los operadores de cable, sin importar qué contenido están transportando por su "cañería" a los televidentes, y sin importar qué contenido pasa por los canales de televisión abierta (en otras palabras, no estoy privilegiando a la televisión abierta por un contenido concreto que ellos transmiten). El beneficio es para todos los canales de televisión abierta, no para algunos que tuvieran cierto contenido en particular (noticias locales, deportes, etcétera).

- El dejar un tercio del espacio de su grilla para los canales de TV abierta no se puede evitar cambiando la programación que tienen los canales de cable. Esta medida sólo depende del número de canales que tenga el operador de cable, no del contenido que transmita.

- Es verdad que estamos haciendo una distinción entre programadores del mercado (el cable vs. televisión abierta), pero esta distinción no se hace por los mensajes que transmiten, sino que se hace sobre <u>la manera</u> que transmiten el mensaje: el cable lo hace, valga la redundancia, con cables; la televisión abierta lo hace a través del espectro electromagnético que el gobierno les concede con licencias para utilizar un "carril de la autopista", dándoles una frecuencia exclusiva. Y es el cable el que ahora controla el cuello de botella, y él es quien decide qué pasa y qué no por su propiedad, y eso no lo podemos tolerar porque puede aniquilar a la televisión abierta.

- Los intereses que estamos protegiendo son (i) el beneficio de acceder al contenido televisivo de manera gratuita, en especial a aquellos que no pueden pagar el cable porque es muy caro para sus bolsillos y los vemos clamar al cielo diciendo "¡no me quites mis programas de tele abierta!", (ii) promover la diseminación de información de diversas fuentes, y (iii) promover la competencia justa y razonable en el mercado de la programación de la televisión.

Cada uno podrá decidir si le parece justo y razonable que te chupen un tercio de tu negocio para preservar a otro que puede morir en agonía por tu culpa, pero esto fue bendecido por la Corte.

Mamá Estado dirigiéndose a disc-jockey de glamorosa discoteca de Costanera que está en la grilla de Creamfields y suele tocar en Milán, Ibiza, Londres y Sídney: "Disculpe señor, pero durante su concierto necesito que un tercio del tiempo pase cumbia, tango y reggaetón".

Famoso disc jockey de glamorosa discoteca de Costanera: "¿Cómo? Pero Estado, ¡acá la gente quiere bailar Acid House,

Ambient House, Bitpop, Acid Jazz, Chill out, Liquid Funk, New Rave, Trip Rock e Indietronica! ¡Me quedo sin clientes si pongo esa música!".

Mamá Estado con cara de póquer: "No me importa, esa música es la que pasan gratuitamente en Bailanta Dominguera, Los Rockeros Bailables y La Milonga de Boedo, que van a cerrar por tu éxito. Si usted no pone la música de ahí, nadie la va a poder escuchar en ningún otro lado".

Famoso disc jockey, resignado, haciendo muecas y cruzando los brazos: "¿Puedo cobrarles extra por entrar?

Mamá Estado, seca: "No, entran gratis".

*

Papá Estado hablando al verdulero del barrio: "Hola señor verdulero, necesito que un tercio de su negocio lo despeje para poner algunas verduras del Mercado de Devoto".

Verdulero, incrédulo, mientras corre las batatas: "¿Por qué?".

Papá Estado pedagogo: "Porque va a tener que llenar ese tercio con brócoli, coliflor, remolacha y repollo".

Verdulero, indignado: "¡Pero cómo que me quitás un tercio de mi negocio! ¡La gente quiere todo lo que ofrezco, y además ya tengo suficiente brócoli, coliflor, remolacha y repollo! Si pongo más, ¡sobra!".

Papá Estado, mandamás: "Hágalo gratis, y lo que saque de eso páguelo a la gente del Mercado de Devoto. Si no lo hace el Mercado de Devoto tiene que cerrar porque muchos le compran a usted. Ceda su tercio para ellos así no se van a la calle. El Mercado de Devoto es beneficioso para todos los ciudadanos y debemos impedir que cierre".

*

Estado, a la concesionaria de Audi, Mercedes Benz y BMW: "Meteme en tu concesionaria unos Renault, Citroen, Toyota y Nissan".

Concesionaria, toreando: "Jaja, jaja, muy bueno el chascarrillo".

Estado: "...".

Concesionaria, ahora nerviosa, tratando de desajustarse el cuello de la camisa Armani: "¿Lo estás diciendo en serio?".

Mamá Estado: "Para reírte poné a los Tres Chiflados o Los Simpson (de los viejos), dale, hacelo ya mismo, gratis, no chistés, quedate piola. La guita que saques de los autos que te estoy pidiendo que vendas la mandás a la concesionaria de ellos, ¿ok?".

Obviamente hay salvedades a estos supuestos, porque en el caso de la televisión abierta se habló del temor de que la gente sin suficientes medios económicos se quede sin nada, una vez que el cable arrase y se lleve toda la guita de la publicidad, que es el corazón que hace vivir a la televisión abierta y gratuita ofrecida a los televidentes, luego de que los consumidores adquieren un televisor y una antena (o ahora, un codificador digital).

Ése fue el motivo principal que el gobierno usó para darle un respiro a la televisión abierta: protegerlos de una competencia que el gobierno consideraba injusta por parte del sistema de cable. Y el gran temor en ese entonces era que el cable, siendo un monopolio natural bendecido por el Estado, controlara el cuello de botella de la información y sea quien decidiera qué se transmite y qué no. Por tanto, se necesita que no haya peligro de censura por parte de los operadores de cable y se dé un espacio para los canales de televisión abierta que quieran estar en la grilla del cable.

Pero como ya les habíamos contado, esto terminó 5 a 4. Para los cuatro jueces disidentes de la Corte la normativa era de contenido parcial, por tanto había que encarar el estudio del caso desde una perspectiva distinta a la que la mayoría lo había hecho (éstos calificaron a la norma como contenido neutral). El voto fue redactado por Sandra Day O'Connor[16]. Los disidentes dijeron que a lo largo de la Ley de Telecomunicaciones se hacían continuas referencias al contenido que se transmite en los canales de televisión abierta, diciendo que la tele abierta sigue siendo una importante fuente de noticias locales y de programación vinculada a asuntos públicos. Si hay un interés importante del gobierno en asegurar que continúe en pie, entonces están favoreciendo a un contenido en particular. El interés del Estado de asegurar la multiplicidad de diversas fuentes antagonistas de información, por más loable que sea, estará siempre vinculado al contenido que la tele abierta transmite. Si a lo largo de la ley se dice que hay que prestar atención al localismo, programas educativos, noticieros y asuntos públicos, estamos hablando de un contenido en concreto, por ende el análisis del caso debe hacerse según el método utilizado para aquellas normas que regulan al contenido parcial, tal y como lo refrescamos en párrafos anteriores al hacer la distinción entre contenido neutral vs. contenido parcial o concreto.

Por otro lado, la disidencia deja en claro que aún si ella aceptara que el análisis debe ser el mismo que el de la mayoría (analizar como si fuera una norma de contenido neutral), tampoco aceptaría a la ley que propone el Congreso por ser demasiado amplia. Ponen en desventaja a operadores de cable incluso cuando éste puede no tener un motivo anticompetitivo para ir en contra de los canales de televisión abierta. Según ella, la

---

[16] La primera mujer nombrada jueza de la Corte Suprema. Fue elegida en 1981 por Ronald Reagan. Nació en la ciudad fronteriza de El Paso, en Texas. Estudió Derecho en Stanford y ocupó una banca en el Senado del Estado de Arizona. Pasó por la Cámara Estatal de Apelaciones del mismo Estado justo antes de ser elegida por Reagan para hacer historia.

patata está en quién debe controlar quién "habla" por cable. Para ella tienen que ser los operadores de cable quienes decidan, mientras que para la mayoría es el Congreso quien tiene la última palabra y puede crear una normativa como la presentada en este caso (que determinó que una rebanada de un tercio del "caño" debe dar cabida a los canales de televisión abierta). La disidencia hasta se puso visionaria, en 1994, diciendo que debían promover la creación de nuevas plataformas de telecomunicaciones: satélite, plataformas digitales, o hasta incluso la mejora del famoso *A/B switch* que permitiera al consumidor pasar del cable a la televisión abierta pulsando un simple botón, sin necesidad de elegir uno por encima del otro, algo que hubiera evitado que este caso llegara a la Corte.

Y de nuevo volvemos a ver cómo el mismo caso, los mismos hechos, son vistos de diferente manera por diferentes gustos:

Amiga I: "Me hacés un gintonic?".

Amiga que labura en un selecto bar de tragos de Rosario: "Obvio gordi, tomá".

Amiga I: "Uff, ¡está re fuerte boluda!".

Amiga II aparece en escena: "A ver, dejame probar. Nnnaaa, está re liviano, ¡yo le pondría un poco más de gin!".

*

Hace unos días recibí un e-mail de un amigo mío, acérrimo fanático del Real Madrid. En dicho e-mail me decía a mí y a todos los allí copiados: "Messi va a ser alguien cuando demuestre algo con la selección Argentina".

Sin perjuicio de que Messi, con 25 años, ya es el goleador histórico del F.C. Barcelona, nadie en la historia del fútbol profesional hizo tantos goles como él en una temporada (clavó 73 en la temporada 2011-2012), ganó 3 balones de oro, 3

Champions League (goleador histórico con 14 goles en la última edición), 2 Supercopas de Europa, 2 Mundiales de Clubes, 5 Ligas de España, 5 Supercopas de España y 2 Copas del Rey, yo me quedé con un sabor amargo, y le contesté lo siguiente:

"Entiendo que pretendas que Messi sea un mago que gane solo, pero el fútbol es un juego colectivo y nunca un solo jugador va a ganar un deporte por equipos. Es como pedirle a Juan Martín Hernández que gane él solito un Mundial de Rugby, o que Steve Nash gane un Mundial de Básquet para Canadá. Además, Messi, a pesar de no hacer goles, fue el máximo creador de juego, con mayor cantidad de asistencias de gol de la selección en Sudáfrica 2010 y la Copa América 2011. A su vez, llegó a la final de la Copa América 2007, ganó una medalla de oro en los Juegos Olímpicos de Beijing y ganó el Mundial Sub-20 de Holanda 2005, siendo nombrado el mejor jugador del torneo.

Decir que Messi tiene que demostrar con títulos con la selección Argentina es tan ridículo como decir que si Cristiano Ronaldo no gana títulos con Portugal es un muerto, o Di Stéfano o Cruyff fueron otros muertos por no ganar un mundial. A mí Ronaldo me parece un pedazo de crack como futbolista, y si no gana nada con Portugal será porque tiene 10 muertos que no lo acompañan. No tiene ningún sentido lo que decís de Messi".

A todo esto, yo pensé que mi argumento llevaba cierta coherencia… En dos minutos tuve su tajante respuesta: "Marcos, please, Cristiano Ronaldo salió cuarto de un mundial y quedó segundo en la Eurocopa 2004".

Yo empecé a rascarme la cabeza. Primero porque creía que mi argumento sobre el deporte colectivo era contundente: no podés pedirle a un solo jugador que sea superman y te cubra el arco, la defensa, el mediocampo y la delantera, todo a la vez. Después, ¿Ronaldo cuarto de un mundial? Bueno, Messi quedó quinto en 2006 y sexto en 2010 (Ronaldo quedó onceavo en 2010). Lo que me dejó perplejo fue el "salió segundo de la Euro". Yo le había dicho que Messi había salido segundo de la

Copa América 2007, todo esto sin perjuicio de que había ganado "algo" con la selección, y Ronaldo no: medalla de oro de los Juegos Olímpicos y Mundial Sub-20.

Lo dicho, los mismos hechos leídos de diferente manera por dos seres humanos. Estos son los dilemas que también tienen los jueces, pero obviamente son sobre hechos menos banales y de mayor trascendencia cultural, política y jurídica.

Capítulo 12: David Copperfield

Compañías de televisión satelital pagaron 682.500.000 de dólares por la licencia.

Compañías de televisión satelital deben dejar entre 4-7% de su grilla para programación educativa e informativa sin fines de lucro.

Televisión Satelital (1997)

Ley

Nueva industria: no había estudios sobre su funcionamiento.

Compañía de televisión satelital demanda y pierde.

Cámara Federal de Apelaciones de Washington D.C. usa a Turner como precedente.

¿Pero son lo mismo?

Contenido neutral: 1/3 a canales de TV abierta (Turner), sin importar su contenido.

Contenido parcial: 4-7% a programación educativa e informativa sin fines de lucro.

La prudencia a la hora de usar precedentes.

Pero el cable ya es algo vetusto, con bastón. ¿Por qué no hablamos de Internet?

Sí, tenemos que hablar de Internet, pero necesito hacer un hueco a un tema que creo vale la pena contar. Se refiere a un caso vinculado con los inicios del *Direct Broadcast Satellite* (DBS), lo que vendría a ser Direct TV, que comenzó a operar en Estados Unidos en 1994, y Echostar Dish Network, que comenzó a operar en 1996. Este caso es interesante para contrastar con *Turner*, el que vimos en el capítulo anterior, y plantear las siguientes alternativas:

1) Los jueces están colapsados de laburo y no pueden leer ni la mitad de lo que les llega, ni tres cuartos de lo que escriben;
2) Los jueces, en vez de contratar gente idónea para buscar argumentos que le sustenten su "estoy de acuerdo con el demandante/estoy de acuerdo con el demandado", contratan ñoquis que hacen un laburo lamentable;
3) Hay jueces que son ñoquis elegidos por el gobierno de turno;
4) Los jueces tienen tiempo, pero prefieren llevar al colegio a sus hijos, jugar al golf, leer la última novela de Vargas Llosa, o ir a cazar al campo;
5) Los jueces son idóneos, pero también humanos, y como todos nosotros a veces se equivocan, porque errar es humano; o
6) Los jueces tienen siempre razón, y el que está equivocado porque se te escapa algo de la ecuación, sos vos.

Ustedes eligen.

En cuanto a la maravilla de los satélites, piensen en ellos como un espejo flotando en el cielo que hace rebotar señales que reciben desde el planeta Tierra. Por un lado, tenés la estación de transmisión terrestre que genera un enlace ascendente al satélite que anda yirando por el cielo. Una vez que la estación terrestre adquiere el contenido (que puede ser, por ejemplo, a través de una transmisión satelital, fibra óptica o cinta digital) va a comprimirlo, encriptarlo, modularlo a la frecuencia de transmisión apropiada y lo manda al satélite que está en el cielo.

El DBS (lo dicho, el Direct TV de turno) utiliza satélites en la órbita geo-sincrónica que está a unos 35.800 kilómetros del ecuador. ¿Qué quiere decir "geo-sincrónica"? Que el satélite se mueve en una órbita a la misma velocidad a la que gira el planeta Tierra. Así, el satélite se mantiene en el mismo lugar en el cielo en relación con un punto en el planeta Tierra.

Una vez que el satélite recibe la señal, la amplifica y la hace rebotar al planeta Tierra en enlace descendente. Habrá una zona geográfica concreta que podrá recibir esta señal enviada desde el satélite (que la llaman huella –*footprint* en inglés). Esta zona puede ser inmensa, como del tamaño de Estados Unidos.

Quien recibe la señal desde el satélite es la clásica antena parabólica –la que ven a veces en casas que están suscriptas a Direct TV. El boom de la televisión satelital se dio, en parte, gracias a que hoy día estas antenas parabólicas tienen un tamaño razonable, de un diámetro de aproximadamente 60 centímetros. Una vez recibido el contenido, el conversor que está en el hogar descomprimirá y desencriptará las imágenes en un formato compatible con nuestra televisión.

Una vez superado el calvario tecnológico, vamos a los bifes. La Ley de Cable de 1992, la misma que estuvo en boga en *Turner* (ver «Cable on the rocks: 1/3 Gancia, 1/3 whisky, 1/3 pomelo», Capítulo 11), anticipó que esto del DBS podía ser un buen negocio en el futuro. Por tanto, en uno de los artículos de la ley se les exigió a estas compañías de televisión satelital que dejaran entre un 4-7% de su grilla para programación educativa e informativa sin fines de lucro. Creo que a esta altura todos podemos decir, no sólo por lo leído en las anteriores páginas, sino por mero sentido común (que es el menos común de los sentidos) que esto es una regulación de contenido parcial, y el caso que vimos en el anterior capítulo (*Turner*), que pedía que los operadores de cable reservaran un tercio de su grilla para los canales de televisión abierta, era de contenido neutral.

Bueno, en 1997 (tres años después del caso *Turner*) la Cámara Federal de Apelaciones de Washington D.C. hizo magia a lo David Copperfield. Para ponerlo en números, una de las compañías de televisión satelital pagó 682,5 millones (682.500.000, para mostrar mejor cuánta platita es) de dólares para la licencia. O sea, pusieron bastante guita para el negocio, y el gobierno se llevó a casita más de 600 millones de razones verdes para darles la licencia. Aún así, les pidieron que por favor dejaran un trozo de su grilla para contenido educativo e informativo sin fines de lucro. Algo muy loable, pero no podés decir que eso es contenido neutral. Si te basás en *Turner*, estás pifiando de ruta. Es como querer sostener que Salta y Jujuy son los lugares más lindos de Argentina (y estar en lo cierto), pero aportás fotos de Iguazú y una guía del Glaciar Perito Moreno como prueba para sostener tu postura. No, aportá fotos de Tilcara, Cachi, Cuesta del Obispo. O es como decir que la capital federal de Argentina es la Ciudad Autónoma de Buenos Aires y lo justificás contando con lujo de detalles la historia de la fundación de Córdoba y citás el artículo 12 de la Constitución de la Provincia de Córdoba (*"Las autoridades que ejercen el gobierno provincial residen en la ciudad de Córdoba, Capital de la Provincia"*). Es un baile equivocado. Si querés sostener que la Ciudad Autónoma de Buenos Aires es la capital federal de Argentina, lo más lógico sería que cites, por ejemplo, la ley 23.512 (¿Se acuerdan? Era la que intentó trasladar la Capital Federal al área de las ciudades de Viedma, Carmen de Patagones y Guardia Mitre), en donde su artículo 6 dice que hasta que la capital no se traslade a Viedma la ciudad capital será la ahora llamada Ciudad Autónoma de Buenos Aires.

Fue muy agradable lo que quisieron hacer, pero es esencial dar los fundamentos correctos. Si citás a *Turner* (de contenido neutral) diciendo cosas tan bellas como que querés asegurar que el pueblo tenga acceso a múltiples fuentes de información, por favor, ¡usá el precedente correcto!

Pero hay algo que puede en cierto punto relajar nuestra perplejidad, algo que puede ayudar a entender por qué decidieron el caso de esa manera. El tribunal dijo que tampoco era para darles con un caño a los legisladores que pusieron esa obligación, porque la tele satelital era un bicho nuevo y no había hechos, datos o investigaciones frente a los cuales se pudiera demostrar que hay ciertas voces censuradas porque el operador del satélite no las lleva (un poco difícil, teniendo en cuenta que el operador satelital –Direct TV o Dish– tiene espacio para más de 500 canales). La otra razón que suelen usar para defender este final es que en este caso estamos hablando de dejar un 4-7% para contenido "bueno", saludable (programación educativa e informativa sin fines de lucro); todo muy lindo, pero no deja de discriminar por contenido, y no hay nada que indique que el análisis deba ser diferente (puede aportar tranquilidad moral, pero no tranquilidad jurídica). Uno se pregunta por qué metieron la pata hablando de *Turner*, un precedente equivocado. Hay que evitar convertir el precedente que dice "mi abuela Berta es irlandesa" en "como mi abuela Berta es irlandesa, su amigo Juan, que nació en Buenos Aires y cuya familia vino de Croacia, también". No creo que estén de acuerdo con vos. De manera imperiosa hay que evitar estas confusiones por la salud de los ciudadanos (y los abogados, que necesitan la consistencia de los precedentes para defender sus posturas). No es saludable decir (y cito): "El gobierno con esta norma no está dictando qué contenido específico de programación los operadores de televisión satelital están obligados a incluir en la grilla"... Pero la ley les está pidiendo que un 4-7% sea programación educativa y de información sin fines de lucro. ¿No están apuntando a un contenido concreto?

Más adelante, en 1999, los señores legisladores sancionaron la *Satellite Home Viewer Improvement Act* (Ley de Mejora para el Televidente de Televisión Satelital). En ésta, los operadores tipo

Direct TV no tienen la obligación de poner en su grilla a canales de televisión abierta local, pero si pagan una comisión y llevan uno de estos canales, entonces deben llevar en su grilla a todos los canales de televisión abierta local (la regla se llama *carry one, carry all* –llevás uno, llevás todos-). Como podrán notar, encararon el tema de manera diferente al cable.

Pero pasando la página, quizás algunos se quedaron con las ganas de ver este tema de que el cable, en sus inicios, era considerado un monopolio. Si es así, pasá al próximo capítulo. Si no te interesa en lo más mínimo, andá a «Hola: Mi nombre es Internet», Capítulo 16, que trata sobre algo llamado Internet. Elige tu Propia Aventura.

Capítulo 13: Monopolio diabólico

Monopolio

- Existe cuando hay un solo productor operando en la totalidad mercado.
- No es necesariamente ilegal.

3 fuentes de barreras monopólicas:

Monopolio legal.

- Establecido por una ley.
- Ejemplo: una patente. Si yo invento algo y lo patento, el Estado me dará el monopolio sobre mi invento por una determinada cantidad de años.

Monopolio natural.

- El monopolio produce el bien a un costo menor para el consumidor y con mayor eficiencia al que si hubiera competencia entre 2 o más empresas.
- En sus inicios el teléfono y el cable eran considerados monopolios naturales.

Monopolio ilegal.

- Tener o preservar un monopolio a través de conductas anticompetitivas o desleales.

Ejemplo: precios de venta a pérdida en el negocio competitivo, aniquilando a la empresa que quiere competir. Lo compensa con ganancias del negocio en donde tiene el monopolio y pone precios más altos a los que hubiera puesto en caso de tener un competidor.

- Penaliza a empresa que, sin pactar con otra compañía, adquiere o mantiene un monopolio de manera ilegal a través de competencia desleal.
- Penaliza a aquellas empresas que deciden, por ejemplo, pactar entre ellas precios de venta o una repartida consensuada de sectores geográficos del mercado.
- Supervisa y evita que compañías dominantes del mercado se fusionen y se conviertan en un gigante difícil de controlar (Pepsi y Coca; Microsoft y Apple).

Muchos asociarán la palabra monopolio con un personaje rojizo, con ojos fulgurantes amarillos, bien grandes, una barba candado negra como el carbón, patas de caballo, un tridente y mal aliento.

Un monopolio existe cuando hay un solo productor operando en la totalidad del mercado. El monopolista mantiene esa posición porque existen determinadas barreras para penetrar en el mercado de ese producto concreto. No todo monopolio es ilegal.

Las barreras monopólicas pueden tener tres fuentes:

1) Un monopolio legal establecido, valga la redundancia, por una ley. Un ejemplo puede ser una patente. Si yo invento algo y lo patento, el Estado me dará el monopolio sobre mi invento por una determinada cantidad de años;

2) Un monopolio natural, que existe en un mercado particular en tanto y en cuanto quien tenga el monopolio pueda producir el bien a un costo menor al que si hubiera competencia entre dos o más empresas y aporte un beneficio al consumidor. Cuando se sancionó la Ley de Telecomunicaciones de Estados Unidos en 1934 se pensó que la telefonía era un monopolio natural. Lo mismo en la década del ochenta con la industria del cable. Según la teoría del monopolio natural, aunque haya una fuerte competencia entre distintas empresas en un mismo mercado, a la larga será más eficiente y beneficioso para el consumidor que una sola empresa sea la que se quede con todo el mercado (a través de mecanismos legales, vale la pena aclarar). Por tanto, en ese caso, la existencia de una competencia económica entre empresas de un mismo mercado sería económicamente irracional. Y será allí donde papá Estado estará supervisando como el Gran

Hermano de Orwell a la única empresa que quede en el mercado, y de vez en cuando dirá: "Ojo con lo que hacés ahí, no me pongas precios tan altos, sacá la basura, portate bien, sé un buen alumno".

Pongamos un ejemplo: usualmente hay que hacer una brutal inversión inicial en las industrias como la telefónica y el cable. En el caso de la televisión por cable, si querés entrar en el negocio, vas a tener que poner cables por doquier en las principales calles del barrio. Una vez que hagas esto, el costo de enganchar a casas residenciales adicionales a tus cables no será caro en comparación con la inversión inicial que hiciste. Si ese es el razonamiento, entonces la media de costos se minimizará si tenemos una sola compañía en el barrio. Si hubiera más de una, y por tanto más de una red de suministro de cable, el costo de cada red se va a distribuir entre menos suscriptores del servicio, porque una empresa se llevará un porcentaje de usuarios, y la otra empresa se llevará otro tanto. Por ende, para recuperar esa inversión ambas compañías tendrán que poner unos precios más altos a los que hubieran establecido de haber estado solas en el mercado (los precios van a ser más altos a que si hubiera más empresas compitiendo, todo esto a pesar de que papá Estado hubiera echado un ojo impidiendo precios desorbitantes a la compañía que estuviera sola en el mercado). Es por ello que, de ser esa la ecuación, una alternativa será elegir a la empresa que sea más eficiente, darle el monopolio y exigir a cambio que ofrezca un servicio de primera a precios razonables para los usuarios, y si no cumple, chau chau monopolio, hola competencia, vieja y querida amiga. Pero ojo al piojo, podés determinar que "cablear" al barrio sea un monopolio natural, pero que por otro lado seleccionar u ofrecer programas que se pasan por ese cableado no lo sea, y ahí sí dejar que haya una armónica competencia. Atenti con la diferencia.

En el caso del teléfono podrías tener otros problemillas. En dicha industria hay ciertas externalidades que pueden hacer poco atractiva la entrada de un nuevo competidor. Imaginate que hay una empresa que ya tiene todo el cableado telefónico terminado y todos los habitantes del barrio tienen ese servicio. Si una nueva compañía tiene un sistema incompatible con la empresa que ya opera, entonces va a ser muy difícil que compita y atraiga a uno de los usuarios de dicha empresa instalada que ya tiene toda la estructura armada. De hacerlo, cuando el consumidor que se pasó a la nueva empresa de sistema incompatible quiera hacer un llamado, sólo va a poder llamarse a él mismo. Los otros usuarios tienen un sistema que no cuaja con el de la nueva empresa. Así es imposible que atraiga a otros consumidores, y a los pocos que pudo convencer los va a perder porque éstos van a querer estar conectados con todos los demás. Los reguladores, cuando quieren romper este monopolio natural suelen buscar alternativas, y entre ellas se encuentra la de exigir a la empresa que inició el cableado que comparta sus cables con los nuevos competidores y permita que haya interconexiones entre ellos, generando una mayor competitividad y disminuyendo el costo a los consumidores. Esta alternativa fue la que usó Estados Unidos para romper con el monopolio legal de telefonía fija que tenía la empresa AT&T en 1984, partiéndola en 8 empresas. Lo curioso es que el ex CEO de AT&T, Ed Whiteacre, le ganó por goleada al resto de la competencia. Hoy día, en vez de 8 empresas (como en 1984) sólo quedan 3 (las únicas 2 que pudieron competir con ella fueron operadores de cable que ingresaron en el negocio de la telefonía y ya tenían su propio cableado para competir. El resto murió en la orilla). Algunos estiman que esto demuestra por qué es un monopolio natural. Otros están preocupados por la nueva concentración de poder (en 2005, la FCC permitió la compra de AT&T por parte de SBC, la compañía dirigida por Ed Whiteacre, bajo el argumento de que la separación entre empresas de telefonía local y de telefonía de larga de distancia ya no ofrecía ningún beneficio a los consumidores).

Otros ejemplos de monopolios naturales suelen ser los servicios de ferrocarriles. Quien tuvo la suerte de viajar a Europa seguramente notó que muchos de sus países tienen una red de ferrocarriles monopólica (aunque de a poco están abriendo el mercado), y uno puede ser testigo de un brillante y eficiente servicio de trenes de alta velocidad que te deposita en miles de ciudades del continente en un parpadeo y cumpliendo horarios como un reloj suizo. Conclusión: una compañía controlando todo el mercado ante la atenta mirada del regulador que quiere evitar precios disparatados y busca un servicio eficiente para los ciudadanos (al menos esa es la idea en los papeles; cosa distinta es la realidad).

3) El monopolio ilegal. Atentos: tener un monopolio de por sí no implica una ilegalidad; lo que es ilegal es tener o preservar un monopolio a través de conductas calificadas como anticompetitivas o desleales. De mala leche, en términos más terráqueos.

En Estados Unidos, la ley que se ocupa de vigilar a las conductas ilegales monopólicas lleva el nombre de *Sherman Act*, sancionada el 2 de julio de 1890, en la misma época en la cual la Corte Suprema avalaba la segregación racial, *separate but equal*. Somos igualitos, pero acá está la línea, vos andá allá y no me jodas, y yo me quedo acá ¿y no te jodo?

Por un lado, la *Sherman Act* penaliza a aquellas partes (por ejemplo, Pepsi y Coca, Apple y Microsoft) que deciden juntarse para aniquilar a sus competidores con medidas como un pacto de precios o una repartija entre ellos de sectores geográficos del mercado.

Además, penaliza a quien de manera solitaria, sin pactar con otra compañía, adquiere o mantiene un monopolio de manera ilegal a través de competencia desleal. Por ejemplo: precios de venta a pérdida en el negocio competitivo, destruyendo a la empresa que quiere competir con vos, y lo compensan con ganancias del negocio en donde tienen el monopolio al imponer precios más altos a los que hubieran puesto en caso de tener un competidor luchando por una cuota de mercado.

La otra ley que lucha contra los Goliat de las empresas es la *Clayton Act*, sancionada en 1914, mismo año en que comenzó la Primera Guerra Mundial. Esta ley trata de supervisar y evitar que compañías dominantes del mercado se fusionen y se conviertan en un gigante difícil de controlar. Un caso puede ser Pepsi y Coca Cola. Si se juntan, van a disminuir de manera drástica la competencia, y esto normalmente genera una subida de precios que impacta en el consumidor.

La agencia gubernamental que aplica tanto la *Sherman Act* como la *Clayton Act* es Defensa de la Competencia, un organismo que cuelga del Ministerio de Justicia de los Estados Unidos.

Los reguladores suelen buscar que los servicios sean eficientes, competitivos y de calidad para el consumidor. Y el gran temor es que una empresa monopólica se tiente mucho con el color verde del dólar y busque priorizar ganancias por encima de proveer un servicio de primera al consumidor.

Supongamos entonces que el producto que se vende es un I-Pad. Distintos consumidores van a estar dispuestos a pagar distintas cantidades de dólares por dicho aparatejo, porque lo van a valorar de diferente manera: para unos será un producto indispensable en su vida cotidiana y por lo tanto pagarían mucho por él; para otros será algo interesante, pero que no llega a ser fundamental; para otros tantos sólo vale la pena comprarlo si es una ganga, nada más.

Veamos el siguiente cuadro (que intentaremos explicar en detalle a continuación):

Consumidor	Costos marginales del I-Pad	Precio que pagaría el consumidor por el I-Pad	Ingresos Totales (I-Pads comprados x precio de venta)	Ganancia Marginal
Ana	$100	$200	(1x200) = $200	$200
Bautista	$100	$180	(2x180) = $360	$160
Carlos	$100	$160	(3x160) = $480	$120
Daniel	$100	$140	(4x140) = $560	$80
Elena	$100	$120	(5x120) = $600	$40
Felisa	$100	$100	(6x100) = $600	$0
Gloria	$100	$80	(7x80) = $560	-$40

El costo marginal (segunda columna del cuadro) es lo que saldría producir un I-Pad más para su posterior venta. Vamos a poner el caso hipotético de que siempre es $100 pesos (por economías de escala, lo normal sería que mientras más produzco, más barato me saldrá hacer la próxima unidad, pero para simplificar el ejemplo asumimos que el costo marginal siempre será $100 pesos). El costo marginal incluye una tasa de retorno razonable sobre la inversión y el riesgo que asumió la compañía para fabricar y vender I-Pads.

La ganancia marginal (quinta y última columna del cuadro) será la ganancia que obtendríamos por vender el próximo I-Pad. Por ejemplo, si el precio se clava en $180 pesos (¡cuántos querrían que un I–Pad cueste sólo eso!), Ana y Bautista van a comprarlo, porque Ana está dispuesta a pagar por el I-Pad $200 y Bautista $180 (ver tercera columna del cuadro). Entonces se venderán dos I-Pads a $180 (como no puedo hacer discriminación de precios lo pongo a $180 para que lo compren los dos, aunque Ana pagase $200) y los ingresos serán $360 (dos I-Pads vendidos x $180 = $360 pesos).

Si el precio de venta se pone en $160, el I-Pad será comprado por Ana, Bautista y Carlos, y los ingresos serán $480 (tres I-Pads vendidos x $160 = $480 pesos). Por tanto, la ganancia marginal de vender ese tercer I-Pad será de $120, haciendo la siguiente cuenta: $480 (que saco vendiendo tres) - $360 (que saco vendiendo dos) = $120 pesos.

Supongamos que hay una empresa que tiene el monopolio de tabletas digitales y las mismas se llaman I-Pads (hoy día hay una amplia gama de ofertas de tabletas de varias marcas y la competencia florece, pero imaginemos un mundo donde una sola compañía es la fabricante de tabletas). Si la empresa monopólica quiere vender un I-Pad va a tener que poner un precio de $200 para que Ana lo compre. Si quiere que dos personas compren el I-Pad, lo pondrá a $180, puesto que por ese precio Ana y Bautista lo comprarían. Si deja el I-Pad en $200, sólo tendrá un cliente, porque el único que garparía $200 por la invención de Apple es Ana.

Si sos un monopolio vas a querer que te compren el I-Pad tres personas. ¿Por qué? Porque la ganancia marginal del cuarto I-Pad ($80 pesos) es menor que el costo marginal ($100 pesos). Y si vos sos el Monarca Absoluto de las tabletas digitales, no vas a querer perder platita haciendo ese cuarto I-Pad. Y tampoco vas a querer vender sólo dos I-Pads, porque como buena empresa monopólica vas a buscar maximizar tus ganancias, y con la venta a tres personas ganás más que con la venta a dos. Consecuentemente, el precio del I-Pad será $160, y la empresa se llevaría al bolsillo una ganancia de $60 pesos ($160 – $100 de los costos marginales) por cada I-Pad vendido a Ana, Bautista y Carlos.

Si la compañía que hace y vende los I-Pads es un monopolio, entonces mantendrá ese precio y no se preocupará por la inexistente competencia. ¿Pero qué pasa si entran competidores? El precio de venta puede llegar a bajar hasta el costo marginal, y en el caso de nuestro cuadro el I-Pad se venderá a $100 (recordemos que el costo marginal incluye una tasa de retorno razonable, conforme a la inversión que hizo la empresa. Por eso se puede seguir bajando el precio hasta ese importe si hay competencia). Por tanto, además de Ana, Bautista y Carlos, el I-Pad será adquirido por más personas: Daniel, Esteban y Felisa también irán al negocio para comprarlo porque se vende al precio al cual ellos lo comprarían y van a juguetear con el nuevo chiche por un tiempo, hasta que al año siguiente salga un nuevo modelo u otra compañía invente algo más atractivo.

Y esta es la razón por la cual la competencia cae bien. Si hay mucha competencia nos pueden bajar los precios hasta el costo marginal, y el producto tendrá llegada a mayores consumidores, y será más barato. Si estuviéramos en el mundo monopólico, sólo tres (Ana, Bautista y Carlos) comprarían el I-Pad. Estos tres están pagando de más, porque de haber competencia, el precio no sería $160, sino $100. Y en vez de gastar ese diferencial de $60 pesos en otros productos, sólo se lo patinan en el I-Pad.

En cambio, si estamos en el fascinante mundo aventurero de *Competition Land*, serían 6 los que comprarían el I-Pad: Ana, Bautista, Carlos, Daniel, Esteban y Felisa.

Después de esta pequeña aclaración, pasemos a revisar los archivos históricos y veamos cómo la justicia lidió con el cable en la época en que se consideraba un monopolio natural en los Estados Unidos.

Capítulo 14: "¡Ya tengo el poder!"

1964: Municipalidad de Boulder da un permiso sin exclusividad a Community Communications Co. (CCC), autorizándola a ofrecer TV por cable a todo el municipio por un plazo de 20 años.

Por 15 años sólo ofrece servicio en un barrio. En 1979 informa a la municipalidad que quiere ampliar su programación y expandirse a otros barrios.

Competencia = mayor eficiencia y costos más bajos para el consumidor

Municipalidad podrá comparar y ver quién ofrece un mejor servicio.

CCC demanda: "no me dejás expresarme a 2/3 de tu población".

El derecho primordial a expresarse es el de los oyentes y televidentes, y está por encima del derecho a "hablar" de las compañías de telecomunicaciones.

Cable (cuando era monopolio natural)

Community Communications Co. v. Boulder: Municipalidad preocupada por el dominio de CCC. Llevaba varios años de ventaja sobre un nuevo competidor (BCC).

Deja a CCC que entre en 1/3 de la población, pero para las otras regiones dará entrada a otros operadores de cable.

CCC pierde

Busca diversidad para lograr un servicio de cable de calidad para los ciudadanos que amplíe las voces que le llegan a través de distintos operadores de cable.

Miami Herald (prensa escrita) no aplica.

El diario pone su oficina y publica sin pedirle permiso a nadie.

Operador de cable: para empezar negocio tiene que romper calles para poner el cableado. Tiene que pedir un permiso al gobierno por las obras que va a hacer.

Preferred Communications v. City of Los Angeles (1994)

División de televisión por cable en 14 áreas exclusivas.

Preferred Co. pide permiso para alquilar un espacio en postes de la municipalidad para colgar sus cables.

Municipalidad dice que necesita concesión y ésta ya había sido otorgada a otra compañía de manera exclusiva.

Si físicamente se puede acomodar a otra compañía en la misma zona sin causar estragos en la vía pública ni afectar a los ciudadanos, entonces se debe dar cabida a nuevos jugadores en el mercado.

Preferred Co. demanda y gana.

Municipalidad reconoció en un informe suyo que al menos se podía dar cabida a un segundo jugador en la región.

Boulder es un pueblo de unos cien mil habitantes anclado en el Estado de Colorado, muy cerca de Denver. Se respira vida estudiantil y juvenil, ya que la universidad más grande de Colorado está ahí, sobre las Rocallosas. La ciudad fue una de las pioneras en la lucha contra la discriminación por orientación sexual y es la sede central de la Unión de Rugby de Estados Unidos, liderada por el ex medio-scrum de Inglaterra Nigel Melville.

En 1964, la Municipalidad de Boulder le dio un permiso sin exclusividad a *Community Communications Co.* (CCC), un operador de cable, autorizándolo a ofrecer televisión por cable a todo el municipio. El permiso se otorgó por un plazo de 20 años[17]. El municipio podía revocar el permiso a su antojo.

CCC ofreció el servicio de televisión por cable durante los siguientes 15 años, pero sólo en el barrio de University Hill, que comprendía el 20% de las unidades residenciales. En 1979, CCC informó a la municipalidad que quería expandirse a otros barrios, como así también ampliar su programación. Mientras tanto, otra compañía, *Boulder Communications Company* (BCC), pidió un permiso para lanzar su propio operador de cable en Boulder.

La municipalidad de este pueblo se vio desbordada y decidió hacer un estudio sobre la televisión por cable. Conclusión: la municipalidad estaba de acuerdo con el resto de los mortales que consideraba al cable como un monopolio natural, pero estaba sumamente preocupada por el dominio de CCC, que fueron quienes empezaron el negocio del cable en Boulder. Debido a que llevaban varios años de ventaja sobre este nuevo competidor (BCC), si el municipio permitía la expansión de CCC,

---

[17] Quince años es el plazo que las autoridades estatales suelen conceder a los operadores de cable, de modo tal que les dé tiempo suficiente para recuperar la inversión a quienes ponen mucha plata para invertir en el cableado.

éste lideraría por varios cuerpos de ventaja en la industria del cable y sería inalcanzable para otras compañías. Con ese razonamiento, la municipalidad decidió decirle a CCC: "Bancame por favor que esto del cable como negocio rentable es demasiado novedoso para nosotros, y para todos, y no sabemos hacia dónde disparar. Necesito que detengas tu expansión y le demos entrada a otros competidores en las áreas en las que no estás. Yo te dejo que entres en un tercio de nuestra población, pero para las otras regiones de nuestra ciudad vamos a dar entrada a nuevos jugadores. De este modo vamos a poder comparar y ver quién ofrece un mejor servicio y esto nos va a permitir evaluar de manera más justa y eficiente en el momento en el cual tengamos que renovar los permisos de cada uno de ustedes. Así podremos ver quién es el más eficiente. A su vez, habrá más diversidad en el servicio de cable y, de permitirse la interconexión entre ustedes, los habitantes tendrán acceso a mayor contenido".

Imaginate que sos el dueño de CCC... ¡Te querés matar! Tenías el control, nadie te jodía, y de golpe el Sheriff del pueblo donde la levantás con pala te dice: "Voy a traer a otro jugador, se llama Messi". ¡Nooo! Competencia, maldita competencia. ¡Ahora voy a tener que ser súper eficiente para mantenerme vivo! Todos estos gritos mientras el dueño del operador de cable se agarra de los pelos y le empiezan a salir arrugas y canas del estrés hasta que habla con un abogado, quien le asegura que bajo la Primera Enmienda pueden decirle al juez que la municipalidad les está restringiendo la libertad de expresarse (¡no me está dejando llegar a dos tercios de los habitantes de Boulder!). Ése fue el eje de este caso, del año 1981, bautizado como *Community Communications Co. v. Boulder*, y lo decidió la Décima Cámara Federal de Apelaciones de los Estados Unidos.

El Tribunal estuvo del lado de la municipalidad y dijo lo siguiente:

- No hay dudas de que vos, operador de cable, tenés derecho a utilizar la flecha de la Primera

Enmienda, pero no te olvides que también los ciudadanos de Boulder tienen ese mismo derecho, y en reiteradas ocasiones la justicia de este país dijo que el derecho primordial a "hablar" y expresarse es el de los oyentes y televidentes, y está por encima del derecho a "hablar" de las compañías de telecomunicaciones. Con esta decisión la ciudad busca diversidad en los operadores de cable y, por tanto, busca que, con esa diversidad, se logre un servicio de cable de calidad para los ciudadanos de Boulder y que amplíe las voces que le llegan a través de distintos operadores de cable.

- Vos te querés comparar con la prensa escrita, tipo el caso *Miami Herald* (ver «El diario es mío y sólo mío y digo lo que quiero, galán», Capítulo 2), pero te olvidás de que la justicia de este país trata a cada medio de telecomunicación de distinta manera porque son distintos animales, distintos bichos. Fijate qué distinto que es el caso de *Miami Herald* al de *Red Lion* (ver «Pegame y decime comunista», Capítulo 1). Se trataba el mismo tema, pero dimos mayor peso de libertad de expresión a la prensa escrita. ¿Por qué? Porque el diario pone su oficina y publica sin pedirle permiso a nadie. Pero acordate que en el caso de la televisión abierta el gobierno otorgó una licencia de un bien escaso: una frecuencia en el espectro electromagnético. Y en este caso, para que vos, operador de cable, empieces tu negocio, vas a tener que romper calles y cuadras para poner todo el cableado, y me tenés que pedir un permiso a mí, gobierno, por todo ese quilombo de obras que vas a hacer en esta ciudad[18]. Para entregar su mensaje, el periódico, como mucho, invadirá el espacio

---

[18] Vale la pena recordar que en esa época no existía semejante bestia como Internet, que ahora es considerado por muchos como el mayor proveedor de clientes de la prensa escrita.

que ocupa el canillita para vender el diario, pero si sos un operador de cable, para entregar tu mensaje tenés que hacer flor de obra en la ciudad, dañando el espacio público. Una ciudad debe controlar cuánta obra se puede hacer para evitar que la vida de sus ciudadanos se haga insostenible. Este accionar le da más flexibilidad al gobierno para restringir esa libertad de expresión que los operadores de cable aducen se les ha quitado. Además, es tan limitado el número de operadores que pueden entrar –la ciudad no va a permitir un tsunami de cables que hagan la vida imposible al ciudadano con infinitas obras– que la manito del gobierno al ingreso de nuevos jugadores en el mercado tiene una mayor justificación.

Pero las cosas no eran cristalinas. Por ejemplo, en 1986, cinco años después de *Community Communications Co. v. Boulder*, tenemos la siguiente ensalada: la Octava Cámara Federal de Apelaciones, en *Central Telecommunications, Inc. v. TCI Cablevision, Inc.*, dejó en claro que su postura era diferente. Para dicha Cámara las pruebas presentadas demostraban que el cable era un monopolio natural que, bajo la tecnología de ese entonces, sólo ofrecía lugar para un operador de cable, y que por tanto podía dar exclusividad sólo a un operador. La Séptima Cámara Federal de Apelaciones se acopló a esta idea.

Un año después, en 1987, el tribunal de primera instancia del Distrito Norte de California, en *Group W Cable, Inc. v. City of Santa Cruz*, concluyó que el argumento de "soy la municipalidad y al ser el cable un monopolio natural hago lo que se me antoja" no tenía suficiente respaldo constitucional. ¿Por qué? Porque era un peligro dejar que el gobierno le otorgara a un sólo operador de cable la exclusividad de transmitir contenido a los habitantes de la ciudad. Esto iba a generar que la municipalidad eligiera a quien tuviera una relación platónica con ella y se portara siempre bien, mostrando todas las bondades del gobierno de turno y ocultando todas las cosas con las cuales el gobierno no se sintiera cómodo. El tribunal reconoce que el cable operaría de manera más eficiente si sirviera a todo el mercado, porque de lo contrario, hasta que una compañía lograra despegarse del resto como "La" compañía que obtuviera el monopolio natural, habrá una duplicación de instalaciones y, consecuentemente, precios más elevados para los consumidores (ver «Monopolio diabólico», Capítulo 13). Sin embargo, el tribunal dictaminó que ese argumento no era suficiente para dar la concesión del cable de manera exclusiva a una sola compañía y debía dar cabida a más jugadores del mercado. Desde luego el tribunal no pretende que la municipalidad (en este caso, la de Santa Cruz, California) abra sus puertas a todos los operadores de cable, sin importar su tamaño, calidad, estructura o amenaza a la capacidad del sistema.

Hubo otro caso importante sobre este tema en el año 1994, ya trece años después del caso *Community Communications*, pero esta vez decidido por la Novena Cámara Federal de Apelaciones. Allí se pudo observar el desarrollo de la televisión por cable, justo cuando Brasil le estaba ganando por penales a Italia la final del mundial de fútbol en el Rose Bowl, en aquel fatídico torneo en el cual a Maradona le cortaron sus piernas. El Rose Bowl queda en Pasadena, California, y es un estadio que fue construido en 1922 y tiene capacidad para aproximadamente 95.000 espectadores. Allí juega el equipo de fútbol americano de la universidad UCLA. Sí, es tan popular el fútbol americano universitario, y tan redituable, que las jóvenes promesas del fútbol americano llenan cada fin de semana el mismo estadio que dio lugar a la final del mundial de fútbol en 1994. El caso que vamos a contar ocurrió en Los Ángeles, California (siempre que leo Los Ángeles, California se me viene The Doors a la cabeza –*Ladies and Gentlemen, from Los Angeles, California...* The Doors!).

Básicamente, en esa época, la municipalidad de Los Ángeles dividió las áreas de televisión por cable en 14 pedazos. Cada área iba a ser adjudicada a una sola compañía. En 1980, la municipalidad lanzó una licitación para la zona Sur Central de Los Ángeles. Recibió tres ofertas, pero rechazó a todas ellas[19]. En 1982 volvió a lanzar la licitación, y esta vez sólo se presentó una empresa, que se quedó con dicha zona. En 1983, una compañía llamada *Preferred Communications* pidió permiso para alquilar un espacio en ciertos postes que eran propiedad de la municipalidad, donde quería colgar sus cables. La municipalidad le dijo que para eso necesitaba una concesión por parte de ellos, pero ésta ya había sido otorgada a otra compañía, quien ejercía el control exclusivo de esa zona. *Preferred Communications* demandó a la ciudad, y como no podía ser de otra manera, el caso quedó inmortalizado como *Preferred Communications v. City of Los Angeles*.

El tribunal, además de ofrecer varios argumentos similares a los del caso anterior –los derechos de expresión de los televidentes y oyentes de los medios de telecomunicaciones son primordiales y están por encima de las compañías– agregó lo siguiente:

> - Si la ciudad licita el servicio de televisión por cable de manera exclusiva a una sola compañía para una zona en particular, y físicamente se puede acomodar a otra compañía en la misma zona sin causar estragos en la vía pública y sin afectar a los ciudadanos, entonces se debe dar cabida a nuevos jugadores en dicha zona (esto fue más tarde lo que se estableció en la Ley de Telecomunicaciones de 1996).
> - Sí, entiendo que vos querés tener una ciudad elegante y linda, sin muchos cables que afecten la visión de la gente, pero dejar el privilegio a una sola compañía

---

[19] La ley decía que debía otorgar la licitación al adjudicatario más responsable. En otras palabras, no sólo se tomaba en cuenta la plata que ofrecían, sino también otros factores. No necesariamente ganaba el que más torta ofrecía, incluso podía no elegir a ninguno.

es demasiado exagerado. No te digo que aceptes a 10, y de hecho, podés restringir el número de tipos que ingresen en el negocio de suministro de televisión por cable, ¿pero limitarlo sólo a uno? No, no da. Dejar sólo a uno de manera exclusiva como el amo del universo del cable no es sano para la libertad de expresión. La competencia en el "mercado" de las ideas nos lleva a una mayor diversidad de puntos de vista y mejores servicios de los que tendríamos si sólo dejamos a uno que dirija la batuta y se lo corone como Señor Monopolio. Insisto, no digo que sea un viva la pepa y dejes entrar a todo el mundo en el negocio de la tele por cable, pero dar la bendición a uno solo no creo que sea lo mejor para los ciudadanos. Seguro que va a llegar un punto en el que agregar a una empresa más no será beneficioso para la ciudad y para los ciudadanos, y ahí está bien hacer un corte. No hay que olvidar que la misma municipalidad ha reconocido en un informe suyo que efectivamente se puede dar cabida a un segundo jugador en la región Sur Central, por tanto, a confesión de parte…

Más adelante se determinó que allí donde hubiera más de un servicio y la competencia fuese efectiva, el gobierno no iba a regular las tarifas. Más bien, la señora "Economía de Mercado" iba a ser quien determinara cuánto le iba a costar al consumidor tener cable en su casa. A su vez, se prohibieron las concesiones estatales exclusivas a una sola compañía (no más monopolios naturales, dejemos que las empresas se maten entre ellas para dar el mejor servicio al precio más competitivo).

Capítulo 15: "Querida: Agrandé a los niños"

En boca de todos. Tema caliente en un buen abanico de países. Si sos un tibio te vomitan de su boca. Dale. Jugate. No seas botón. Para los despistados, estoy hablando de la concentración en los medios de telecomunicaciones y la preocupación de que queden en manos de unos pocos.

Bueno, yo voy a ser un botón y me van a tener que vomitar de su boca. Quiero contarles cómo se trata este delicadísimo tema en los Estados Unidos. Entiendo que es un tema arduo, tedioso y complejo. Por ello, y ahorrando tiempo a quienes van a mil por hora porque no-tienen-tiempo-para-nada, propongo lo siguiente: a continuación van a ver un cuadro que brinda una apretada síntesis de cómo está el tema en los USA. Los que carecen de tiempo pueden chequearlo y seguir con sus otras actividades. A continuación del cuadro hay una explicación de cómo se llegó a la regulación vigente y hacia dónde apuntan hoy los cañones de la FCC. Este tema tiene una superficie aceitosa y es muy resbaladizo.

Ladies & gentlemen, aquí va el cuadro con una salvedad: éste se refiere al poder que tiene la FCC (el regulador de los medios de telecomunicaciones en Estados Unidos) para prohibir o limitar una compraventa en honor al interés público. Puede ocurrir que otros departamentos gubernamentales, como el de Defensa de la Competencia (que cuelga del Ministerio de Justicia), se metan en el tema. Que la FCC bendiga la operación no quiere decir que sea todo color de rosas y los interesados hayan logrado saltar todos los obstáculos legales.

	Diario	TV abierta	Radio	Operador de Cable
Operador de Cable	Luz verde	Luz verde	Luz verde	Luz verde
Radio	¡Luz Roja!	Cuidado: luz amarilla	Cuidado: luz amarilla	Luz verde
Teléfono	Luz verde	Luz verde	Luz verde	Cuidado: luz amarilla
TV abierta	¡Luz Roja!	Cuidado: luz amarilla	Cuidado: luz amarilla	Luz verde

Para que nos entendamos, todos los casilleros que dicen "Luz verde" indican que hay vía libre para la adquisición y consolidación entre esos medios de telecomunicaciones (repetimos: vía libre para la FCC. Defensa de la Competencia, organismo bajo el paraguas del Ministerio de Justicia en Estados Unidos, puede tener otra voz cantante).

Ahora, cuando dice "Cuidado: luz amarilla", dicha frase indica que hay ciertas reglas que deben cumplirse antes de hacer la correspondiente adquisición o incluso hay limitaciones para que una empresa siga comprando medios.

Cuando dice ¡Luz Roja!, la prohibición es absoluta.

Y aquí finaliza la versión sintetizada. Ahora damos entrada al desarrollo del tema para los curiosos, tan curiosos como aquellos que querían saber cómo terminaba *Lost*.

A esta altura, más que una novedad, decirles por centésima vez que la FCC es el organismo que maneja la supervisión de las telecomunicaciones en Estados Unidos es digno de una puteada de su parte, hasta diría que es digno de pedirme que les devuelva su dinero. Lo que todavía no les había contado es que el organismo está formado por 5 comisionados. Estos 5 expertos tienen un mandato prorrogable de 5 años.

En Estados Unidos hay 2 partidos políticos que acaparan todas las miradas… y los votos: el partido Demócrata y el partido Republicano. ¿A qué viene este dato? Simple. De los 5 expertos de la FCC, 3 son hinchas de uno de estos 2 partidos políticos, y los otros 2 restantes son hinchas del otro. Nunca puede haber más de 3 Demócratas o más de 3 Republicanos al mismo tiempo. A principios de 2012, el presidente Obama tuvo que beber del cáliz amargo: no le quedó más remedio que elegir a un Republicano para ocupar una de las sillas que había quedado vacía, todo porque ya contaban con 3 Demócratas en la FCC. A su vez, el presidente de los USA no tiene barra libre. Cada vez que elige a un experto, el Senado debe dar su bendición (2/3 partes de los senadores presentes en el momento de la votación deben aprobar a la muchacha o muchacho que ocupará uno de los 5 puestos de prestigio, colmados de una enorme responsabilidad: velar por los intereses de los ciudadanos a la hora de recibir contenido por parte de todos los medios de telecomunicaciones).

La concentración y consolidación de los medios de telecomunicaciones aporta algo inevitable: si la FCC decide relajar las limitaciones a la consolidación, les cae una demanda. Si la FCC decide restringir todavía más las limitaciones a la consolidación de los medios, les cae una demanda. Nunca, nunca, nunca… nunca la FCC está en paz con este tema candente. Cada 4 años, el mismo año que caen los mundiales de fútbol (2002, 2006, 2010…), la FCC tiene la responsabilidad – mejor dicho, la obligación– de revisar sus regulaciones y limitaciones a la compraventa de diversos medios de telecomunicaciones. Para preparar estos reportes invita a profesores universitarios, dueños de pequeños distribuidores de contenido, productores, CEO de grandes conglomerados, economistas, ciudadanos que quieren alzar su voz frente a este tema –hasta te podés encontrar apicultores hippies que dicen laburar en una zona rural donde las radios aumentaron, pero la diversidad de contenido disminuyó... No es joda– y tantas otras personalidades para que aporten su granito de arena y digan lo que piensan sobre la materia en cuestión. Para este trabajo reciben un sinfín de estudios, estadísticas, artículos académicos, reportes de las empresas involucradas en el tema, y una tonelada más de información. Una vez que escuchan a todos, la FCC saca su reporte cuatrienal con sus conclusiones, que suele rondar las 150 páginas. Es muy habitual ver que alguno de los 5 expertos vote en disidencia y no esté de acuerdo con la mayoría, algo normal si tenemos en cuenta que siempre hay expertos de los 2 partidos políticos. Te podés encontrar oraciones como: *"La historia de hoy es una decisión de la mayoría desconectada con una decisión política atinada, y ni siquiera está de manera incidental promoviendo que los medios de telecomunicaciones fortalezcan nuestra democracia. No estamos preocupados en recolectar información, conducir búsquedas certeras, ni seguir a los verdaderos hechos que nos guíen. Sólo otro brillante gran regalo para aquellos que ya tienen una licencia otorgada por la FCC, y un trozo de carbón para el resto. ¡Felices vacaciones!"*. ¿Querés otra? Ahí va: *"Los estudios económicos para analizar estos temas fueron poco transparentes. Estos 10 estudios supuestamente serios fueron puestos en conjunto por equipos de economistas y analistas en un periodo de 8 meses, ¡pero la FCC espera que el público analice estos 10 estudios y formule sus comentarios en menos de 60 días! Esto es injusto, innecesario e insensato"*.

Como les decía anteriormente, estos reportes terminan, sin excepción a la regla, en los pasillos de los tribunales federales. Es que las conclusiones no son fórmulas matemáticas que logran medir con exactitud y sin subjetividad alguna si una determinada industria, como puede ser la radio o la televisión abierta, está perdiendo "voces" o independencia.

La FCC trató por todos los medios hacer malabares para medir con exactitud y precisión los momentos en los cuales las concentraciones económicas de un conglomerado eran ya abusivas y debían limitarse. Así fue que creó el Índice de Diversidad, un intento de medir de manera objetiva y cuantitativa el grado de consolidación del mercado de las ideas y los medios de telecomunicaciones. Para ello, tomó prestado de la materia Defensa de la Competencia un método que mide las concentraciones económicas en diversos mercados: el índice de Herfindahl-Hirschman.

Para resumir la historia y no aburrirlos con largas e incomprensibles páginas, a la FCC no le salió el truco, porque la Tercera Cámara Federal de Apelaciones encontró varias inconsistencias en el índice que intentó crear la FCC para hacer un análisis más objetivo de la consolidación y concentración de los medios. No le salió bien. El cuadro descrito al inicio de este capítulo es lo que hay.

Entonces uno puede preguntarse: si no se mide de manera objetiva, ¿qué parámetros usa la FCC para determinar el momento en el cual hay que parar la pelota y prohibir a una empresa que compre más medios? Damas y caballeros, con ustedes, la Santísima Trinidad de la FCC:

1) Diversidad;

2) Localismo; y

3) Competencia.

Ese sinfín de personalidades y estudios que se presentan a la FCC se basan en estos 3 pilares. Así como en capítulos anteriores nos preguntábamos qué es y quién determina la obscenidad o la indecencia (ver «¿Soy obsceno o indecente?», Capítulo 5), acá habrá varias sugerencias sobre cómo saber si algo aporta diversidad, localismo o competencia. No es tarea sencilla, y desgraciadamente no hay una fórmula objetiva. Por tanto, los tribunales siempre se ven colmados de demandas. Sin embargo, a lo largo de los últimos 40 años, la FCC, entre estudios, cafés, y fallos de diversos tribunales federales, intentó dar forma a esos 3 conceptos.

La Primera Persona de la Santísima Trinidad de la FCC: ¿Qué se entiende por diversidad?

El primer pilar es lograr que los ciudadanos tengan contenidos que reflejen una variedad de perspectivas, colmar el espectro electromagnético de ideas de todos los colores. Tanto en la ley como en los fallos se determina que tener la más amplia gama de fuentes antagonistas de información es un objetivo primordial. Para la FCC, "fuentes antagonistas de información" = "beneficio y bienestar para la sociedad".

Considera –la FCC– que hay cierta correlación entre los dueños de los medios y el contenido que se esparce por todos los medios de telecomunicaciones. Es por ello que se busca que múltiples empresas estén presentes en el mercado. El tema es que la realidad indica lo contrario. Algunos estudios sostienen que la desregulación en Estados Unidos terminó por engendrar 4 gigantes de la información: Viacom, Disney, News. Corp., y Comcast.

Por otro lado, hay estudios que defienden lo contrario: que la concentración beneficia a la diversidad. ¿Cómo? Bueno, el argumento es el siguiente: si yo, empresa, tengo muchos canales o radios, no voy a pasar en todos el mismo material, porque de lo contrario no estoy siendo eficiente y me convierto en un tipo económicamente irracional. Si en el canal 1 paso fútbol todo el día, sería económicamente incorrecto usar el canal 2 para pasar los mismos partidos de fútbol por la sencilla razón de que ya tengo a toda una audiencia enchufada al canal 1 viéndolos. Si quiero captar más audiencia (y, consecuentemente, más ojos para ganar más dólares en publicidad), entonces en el canal 2 intentaré, por ejemplo, poner telenovelas (u otros partidos de fútbol si dicho deporte es muy popular), en el canal 3 pondré noticieros, en el canal 4, música, y así sucesivamente. La FCC siempre anda batallando sobre cuál de estas 2 escuelas tiene razón.

Lo dicho anteriormente. Uno puede llegar a la "diversidad", pero el camino para lograr un contenido diverso no es tan evidente y puede ser distinto para algunos (para mí puede ser correcto llegar a la victoria futbolera teniendo control y posesión del balón; para otros, el camino para llegar a la victoria es esperar, tener poca posesión y salir de contra como un perro rabioso y desbocado. Ambos queremos ganar, pero usamos otros caminos). De hecho, para contraatacar a la idea de que la concentración es buena, algunos estudios indican que casi un 50% de periodistas y productores ejecutivos de las cadenas televisivas líderes en Estados Unidos confesaron haber evitado de manera deliberada que ciertas historias sean informadas al público –o que hayan sido ofrecidas en un tono más light– en beneficio de los intereses de la organización donde trabajan. Por otro lado, el sindicato de escritores (*Writers' Guild*) sugirió a comienzos de este nuevo milenio que los periodistas y editores de la prensa escrita eligen y escriben las historias de manera parcial para satisfacer la visión de sus propietarios.

Así que ya saben: de un lado del cuadrilátero, con un millón de kilos, están aquellos que dicen que 51 dueños en el mercado de los medios aportan más diversidad que 50 dueños. Del otro lado del cuadrilátero, pesando otro millón de kilos, están aquellos que juran que una concentración y consolidación de medios en pocas manos va a ofrecer todavía más diversidad en el contenido porque así logran tener una mayor audiencia y, por tanto, una mayor porción del mercado de televidentes y oyentes.

La FCC sostiene, por ahora, que aunque no sea una realidad incontrastable, el evitar la concentración de medios es la manera más fiable para promover la llegada de diversas "voces" al ciudadano. Pero en cada revisión cuatrienal pide datos para ver si no se pasa a la otra vereda o, más bien, busca un punto intermedio.

A la hora de analizar a la diversidad, la FCC se fija sólo en 2 tipos de contenidos: las noticias y los programas de interés público – programas culturales y educativos. El resto, a los efectos de deliberar si hay varias miradas antagonistas respecto de un tema, se ignora. ¿El argumento? Es el contenido más fácil de medir y el que más se aproxima al objetivo de la FCC: fortalecer la democracia con opiniones diversas en los medios de telecomunicaciones. La FCC reconoce que los programas de entretenimiento contribuyen a la diversidad y colaboran en traer historias que incumben a ella –por ejemplo, en series cómicas como *Will & Grace* se trató el tema de la homosexualidad; en *The Cosby Show* se contaron historias sobre el racismo. No obstante, en lo que se refiere a miradas antagonistas al ofrecer información, la FCC se siente más cómoda apuntando sólo a las noticias y la programación de interés público.

Ahora, si bien la FCC se centra en las noticias y la programación de interés público para saber cuánto antagonismo hay en los medios, también pide que el contenido general de la programación sea diverso. Es decir, buscan que en el total de los canales de televisión abierta y frecuencias radiales tengamos varios formatos: dramas, comedias, gastronomía, turismo, deportes, etcétera. No obstante, la FCC considera que esto se debe dejar en manos del mercado, y el mercado responderá a lo que el consumidor quiera ver o, en el caso de la radio, escuchar.

Otro tema que la FCC tiene sobre la mira hace ya mucho, mucho tiempo, pero que no logra cuajar con una medida que sobreviva los tribunales, es el favorecer a las mujeres y minorías para que entren en el mercado y adquieran medios. Sí, la FCC ha demostrado suma preocupación por este tema.

Conforme a los estudios preparados por el personal de la FCC y por gente ajena a este organismo, hay suficientes pruebas que acreditan que es altamente probable que si un propietario pertenece a una raza minoritaria –como puede ser un hispano, un afroamericano, o un asiático que vive en los USA– esa estación radial o televisiva pasará más material acorde a los gustos de la correspondiente minoría. Pero la FCC tiene un terrible problema: el umbral constitucional de una norma que distingue por raza –más allá de ser algo favorable a una minoría– es muy difícil de conseguir. Cuando el congreso o una agencia gubernamental lanza al público una normativa que beneficia a una raza, el estándar con el cual los tribunales analizan dicha norma es el famoso y ya analizado escrutinio estricto (ver «Señores padres: Aquí finaliza el horario de protección al menor...», Capítulo 6): la norma debe proteger un interés fundamental y tiene que ser la manera menos restrictiva para conseguir dicho fin. Si hay otra alternativa igual o más eficiente y menos restrictiva que la normativa en cuestión, el tribunal, con una risa diabólica, te va a decir como Apu de los Simpson: "Gracias, vuelvan prontos". Muy de vez en cuando los tribunales son más flexibles, pero tengan en cuenta que estas son excepciones que se cuentan con los dedos de una mano (ustedes eligen si prefieren la derecha o la izquierda). La regla general es que por más que quieras beneficiar a una minoría por su raza, si el gobierno quiere hacerlo deberá ser bajo el paraguas del escrutinio estricto, algo muy difícil de superar.

En 2006 la FCC intentó crear una medida que trató de beneficiar a las minorías y las mujeres. Pero, sin hacer alusión a éstas, buscó hacer una normativa neutral. El problema no podía pasarse más por alto; los números eran y continúan siendo contundentes: las minorías en los USA llegan al 33% del total de la población (recuerdo un episodio de *SouthPark*, en el cual Eric Cartman, racista hasta la médula, estaba preocupadísimo porque los mayas tenían razón: en 2012 se iba a acabar el mundo porque las minorías iban a sobrepasar a los blancos en los USA). Aunque son el 33% de la población, sólo el 3% de los canales comerciales de televisión abierta son propiedad de algún miembro de alguna minoría, y sólo el 6% de éstos es propiedad de una mujer. Y lo peor es que los números van a la baja. Cada vez menos medios pertenecen a una minoría o una mujer, y dado que la FCC acreditó a través de varias pruebas y estudios independientes que las minorías son mejor servidas cuando el dueño es alguien de su palo, buscan de manera infructuosa enmendar la situación.

Como les contaba, la FCC buscó crear una normativa neutral. No tuvo suerte. En 2011, la Tercera Cámara Federal de Apelaciones le mandó un violento LTA (La tenés adentro, como diría Maradona a los periodistas, que traducido al inglés sería una suerte de *Suck It!*) a la FCC. Este fallo no va a cambiar porque en 2012 la Corte Suprema decidió que no iba a revisarlo (recordemos que la Corte, de manera discrecional, sólo elige revisar unos 100 casos por año). El tribunal le dijo que no había sido racional en su explicación (para que una decisión administrativa sobreviva, la agencia debe ser racional, consistente. Acá dicen que no lo había sido). Si el objetivo era promover la adquisición de licencias radiales o televisivas por parte de mujeres o minorías, la normativa neutral no iba a aportar nada nuevo bajo el sol de verano. La definición de "entidad elegible" para adquirir nuevas licencias con ventajas financieras y fiscales se basaba en el término "pequeña empresa", definida como aquella estación de televisión abierta que no tuviera más de 13 millones de dólares en ingresos anuales o una estación radial que no tuviera más de 6,5 millones de dólares en ingresos anuales. Para estos efectos, se tienen en cuenta las ganancias de sus matrices y empresas en las que tuvieran una participación mayoritaria o de control.

¿Qué aporte puede ofrecer esta medida a una minoría o al sexo femenino? En todo caso, es una ayuda a cualquiera que entre dentro de la definición comentada de "pequeña empresa", y de rebote puede beneficiar a las minorías o al sexo femenino, pero la definición de "entidad elegible" no parece ser la panacea. Y esto lo pescó el tribunal: "Querida FCC: no explicaste cómo esta definición va a incrementar la titularidad de licencias en las minorías o las señoritas. Sólo hablás de "nuevos jugadores" o "pequeñas empresas". Me parece que esto no es racional".

El mensaje encriptado que le dio este tribunal a la FCC es que se anime a ir por el lado de la raza y la discriminación por sexo (en este último caso, la discriminación por sexo se permite si hay un interés público importante, y no tenés que presentar la manera menos restrictiva para lograr el fin. Es lo que se llama escrutinio intermedio (que ya vimos en «Señores padres: Aquí finaliza el horario de protección al menor...», Capítulo 6). Los tribunales son más benévolos con este estándar y así tenés más chances de ganar. Digamos que enfrente no estará el F.C. Barcelona, sino más bien, con el permiso y las disculpas de sus aficionados, el Atlético de Madrid. Un rival áspero, pero ganable. O en vez de tener a Nadal en tierra batida tenés a Tipsarevic. Sí, es un rival duro, pero no imposible).

El tribunal invita a la FCC a que recopile muchos datos que acrediten que aportar licencias a favor de las minorías y las mujeres es beneficioso para el interés público. Con ello van a tener un soporte fundamental para demostrarle al tribunal que van a discriminar por raza porque "no tenemos otra manera de enmendar este problema en nombre de un interés público fundamental: meter más voces en el mercado que beneficien a las comunidades minoritarias". La FCC tiene el temor (fundado) de ir por esa vía y laburar para nada, porque según ella los van a hacer pedazos en tribunales. Sin embargo, la Tercera Cámara Federal de Apelaciones pareció mandarle un mensaje distinto, una suerte de "laburá, juntá muchos datos, no seas inconsistente, y seguro que esta vez te dejamos pasar por el peaje de la justicia. Sabemos que vos, el Congreso y hasta nosotros queremos que esto camine por el bien de la sociedad, pero debemos derrotar a nuestra propia doctrina constitucional. Si laburás bien y nos aportás datos contundentes y nos explicás que no hay otra manera de solucionar el inconveniente, me parece que le podés ganar al F.C. Barcelona y salir campeón". Pero no sabemos cómo reaccionará la Corte Suprema.

La Segunda Persona de la Santísima Trinidad de la FCC: ¿Qué se entiende por competencia?

Para medir a la competencia, el eje primario que la FCC usa es la publicidad. El otro elemento que comenzaron a mirar desde 2003 es el rating, analizado por una compañía llamada *Nielsen Ratings*.

Asimismo, la FCC aclara que ella es una especie distinta a la Defensa de la Competencia. Mientras esta última quiere asegurar la eficiencia económica, la FCC persigue la conveniencia, el interés y la necesidad del público.

La Tercera Persona de la Santísima Trinidad de la FCC: ¿Qué se entiende por localismo?

Con esto se busca promover las necesidades e intereses de cada comunidad. ¿Cómo lo miden? Lo hacen en base a (i) la selección de programación diaria que responda a las necesidades e intereses públicos locales (temas culturales y educativos); y (ii) la calidad y cantidad de noticias sobre sucesos locales (como pueden ser un robo, un tornado, un torneo deportivo local, la victoria de un miembro de la comunidad en un evento destacado, algún paro que afecte el transporte en la zona, el concierto de un músico local, y larguísimos etcéteras). La FCC te dice: "Yo te doy una licencia para que entres y uses el espectro electromagnético, pero a cambio vos tenés que reservar alguna parte de tu programación para contenidos locales acordes a las necesidades y gustos de la comunidad".

Las alarmas suenan en la FCC si los canales aumentan pero la programación local disminuye. Por ejemplo, si ven que en los noticieros de la noche se les da poca cobertura a sucesos políticos locales, o que las decisiones no se toman en la misma estación local, sino a miles de kilómetros de distancia, desde la matriz (donde no tienen mucha idea sobre los gustos e intereses locales), puede haber un tirón de orejas cuando renueven la licencia (antes era cada 3 años, ahora es cada 8).

¿Cómo se determinan las zonas locales? A través de la llamada Área de Mercado Designada (*Designated Market Area –DMA*), establecida por *Nielsen Ratings*. Hay un total de 210 de estas áreas en Estados Unidos. Lo que hacen es analizar el hábito de la audiencia. Por ejemplo, si más del 50% de los habitantes de una municipalidad elegida al azar mira estaciones de televisión de Sacramento (California), entonces esa municipalidad se asigna al DMA de Sacramento. Guarden este concepto del DMA en su disco rígido llamado memoria, porque será de enorme utilidad para las próximas páginas... Listo, ¿ya está guardado? ¡Sigamos!

Una vez que vimos en dónde pone el ojo la FCC, me propongo contarles cómo este organismo fue interpretando estas 3 palabritas generadoras de la Santísima Trinidad. Para que el panorama sea claro, vamos a ir desmenuzando cada medio y cómo juegan las nuevas tecnologías a día de hoy.

(i) Limitaciones a la adquisición de canales de televisión abierta

Al igual que la radio, este medio tiene suma importancia por un hecho elemental: es gratis (no hay que abonar ninguna cuota mensual) y utiliza el espectro electromagnético, de propiedad estatal.

En el caso de la televisión abierta, la FCC tiene a día de hoy, septiembre de 2012, las siguientes reglas:

- Una empresa puede tener (i) <u>un máximo de 2 canales de televisión abierta</u> en el mismo DMA (les dije que este término había que aprendérselo como el teorema de Pitágoras en el colegio), <u>únicamente si uno de esos 2 canales no está dentro de los 4 canales más populares de ese DMA</u> (en otras palabras, una misma empresa no puede tener 2 canales de televisión abierta si ambos están dentro de los top 4 entre los televidentes del mismo DMA); **Y** (ii) deben <u>permanecer al menos 8 voces independientes</u> (es decir, 8 propietarios distintos, sin responder a una misma matriz o persona) en el mismo DMA una vez hecha la adquisición de ese segundo canal de TV abierta.

Como no podía ser de otra manera, muchos de los jugadores activos del mercado pidieron y siguen pidiendo una mayor relajación de estas limitaciones. Aducen que debido a la nueva competencia brindada por las nuevas tecnologías como Internet, los móviles con una conexión súper veloz, la creación de tabletas digitales y demás enseres que anuncian que el futuro ya está aquí, sus ganancias cayeron. De paso aprovechan que la crisis económica mundial iniciada en 2008 sigue afectando a todos y declaran que sus bolsillos no son la excepción. Recordemos que ellos son de la escuela del "más canales tengo = más diversidad de contenido voy a aportar para captar a una mayor audiencia". Afirman que si se relajaran estas normas y les permitieran crecer (es decir, comprar más canales) van a poder ahorrar costos y lo ahorrado se puede destinar al agregado de más noticieros sobre eventos de la correspondiente comunidad local.

En el otro costado del *ring*, organismos de interés público le imploran a la FCC que tenga sumo cuidado y no se deje llevar por la excusa de la paupérrima situación económica y así liberar (o más bien, concentrar) el trozo del espectro electromagnético correspondiente a los canales de televisión abierta. Además, usan la excusa de la crisis económica de otra manera: dicen que si hay grupos con problemas económicos, entonces que caigan nomás y así le damos entrada a nuevos participantes, en especial, mujeres y minorías. Y, por otro lado, sostienen lo dicho por la otra escuela: más dueños hay, más diversidad se genera (y no a la inversa).

Lo que la FCC se pregunta (y le pregunta al resto de la industria y a los ciudadanos interesados en dar su opinión) es si las nuevas tecnologías compiten con la televisión abierta o son 2 bestias que deben ser analizadas por distintos caminos. Hay varios estudios que soportan las 2 teorías. Esta batalla está en pañales, pero no se puede esquivar y a medida que el ancho de banda y el servicio de Internet llegue a todo el mundo, y cada vez a precios más accesibles, la FCC indudablemente tendrá que tener esto en cuenta, de una manera u otra, al analizar las limitaciones que impone a la adquisición de canales de televisión abierta en un mismo DMA.

La regla de no poder tener más de un canal de televisión abierta dentro de los 4 más vistos en un DMA se debe a que en los USA hay 4 canales de TV abierta que dominan el mercado a través de sus matrices y filiales: CBS, ABC, Fox y NBC. A la FCC no le simpatiza la idea de que uno de estos 4 grandotes se fusione con otro de los grandotes. Como el quinto está lejos en cuanto a ratings se refiere (aunque a decir verdad, Univisión, la cadena en español más vista de los USA, está cada vez más cerca de NBC, la cuarta cadena), la FCC sigue dejando esta prohibición en vigor. Asimismo, las 4 cadenas presentan diversos puntos de vista sobre temas políticos y de interés público, con lo cual la FCC se siente tranquila al haber suficiente diversidad de opiniones. Y confirma que las *big four* ofrecen en promedio más noticias locales que el resto de las cadenas (la cuarta en rating ofrece un promedio de 177 minutos diarios, mientras que la quinta sólo 87 minutos por día).

Actualmente la FCC invita a todos a aportar sus datos y deliberar si esta restricción es la más acertada, o si es mejor hacer una restricción entre las 5 o, por qué no, las 6 cadenas más vistas en cada DMA, o si hay que liberar el mercado. Mientras presentes algo elaborado, consistente y fundamentado, la FCC te va a escuchar.

¿Pero qué pasaría si por tu notable calidad de contenido lográs atraer a una pila de televidentes y, por arte de tus cualidades, pasás a tener 2 canales dentro de los top 4? Asumí esta hipótesis: sos dueño del segundo canal más visto de un DMA. Te querés comprar el noveno canal más visto en ese DMA. Si luego de la adquisición quedan 8 voces independientes (o sea, 8 propietarios diferentes que no responden a mismas matrices o personas), entonces hay barra libre: tendrías 2 canales, uno dentro del top 4 y otro fuera del preciado top 4. Pasa el tiempo y sos tan capo que ahora sos el canal número uno del DMA y el canal que estaba noveno, ahora está tercero.

¿Qué hacés? ¿Desinversión forzada? No, nada de eso. Sería un tanto insólito que la FCC premie de semejante manera tu atracción a los consumidores. La FCC siempre sostuvo que exigir desinversiones forzadas o compulsivas son perjudiciales para la industria y cualquier beneficio que se busque con ellas es contrarrestado por sus perjuicios. El argumento es más simple de lo que parece: los propietarios de las licencias deben tener la oportunidad de retener el valor de las inversiones realizadas bajo el amparo de las normativas y autorizaciones dadas con anterioridad por la FCC. No dice que las desinversiones estén completamente prohibidas, pero no simpatiza con la idea y augura que es verdaderamente difícil que sobreviva un escrutinio judicial. En palabras de la FCC, "la desinversión se debe limitar a los casos flagrantes". Más de esto en breves instantes, cuando hablemos de propiedad cruzada de periódicos y televisión abierta o radio.

Seguimos. Ya explicamos el por qué de la prohibición dentro de los top 4. Si te estabas preguntando por qué la FCC quiere que queden 8 voces independientes, la explicación que suele dar en cada revisión cuatrienal es que quiere tener a los *big 4* (Fox, ABC, NBC y CBS) más otras 4 voces independientes que compitan en el mercado. De ese modo, se incita a la competencia y a la diversidad de programación, incluyendo temas de interés público (cultura y programación educativa) y noticias locales. Desde luego, en cada revisión cuatrienal invita a todas las partes interesadas a que presenten datos y estudios que acrediten que esta medida no aporta nada positivo o más bien no es más útil para la Santísima Trinidad del localismo, la diversidad y la competencia.

El otro tema preocupante es que en los mercados más pequeños hay solicitudes de varias estaciones para ser exoneradas de estas limitaciones. Al ser un mercado tan chico, los canales no son rentables y necesitan la ayuda de un jugador de mayor tamaño o precisan aliarse con otro que esté dentro de los top 4 en su mercado para sobrevivir. Aproximadamente un 55% del personal de estos canales en los pequeños DMA se ocupan de la producción de noticias locales. Los dueños afirman que no pueden cubrir los costos si no les permiten fusionarse con otro de los top 4. Veremos qué pasa en el futuro.

Otro tema que está siendo analizado en relación con estas limitaciones es el *multicasting*. El 12 de junio de 2009 murió la televisión analógica y se dio la bienvenida en todo Estados Unidos a la televisión de los ceros y unos: la TV digital. ¿Qué beneficio brindó a los que ya tenían una licencia y utilizaban parte del espectro electromagnético? Más espacio. Muchos de ellos decidieron agregar allí programación adicional. Otros decidieron pasar el mismo contenido, pero en un canal pasan el contenido en versión HD (es decir, Alta Definición), mientras que en el otro lo hacen como siempre, *business as usual*. Algunos dicen que estos *multicasting* deben considerarse nuevas voces. Otros auguran que los top 4 lo pueden usar para sortear las limitaciones vigentes. Este tema es otro que está en el albor de su vida. El maldito paso al galope de la tecnología no da tiempo a la regulación para acoplarse a su velocidad. Es como querer seguirle el paso a Usain Bolt.

(ii) **Limitaciones a la adquisición de frecuencias radiales**

A septiembre de 2012, la normativa que rige cuántas radios puede tener una empresa es la siguiente:

- Podés tener <u>hasta 8 estaciones de radio comerciales</u>, pero <u>no más de 5</u> en el mismo servicio (o sea, no más de 5 <u>en AM o</u> no más de <u>5 en FM</u>) dentro de un mismo mercado (dividido en líneas similares al DMA) donde <u>se transmiten más de 45 estaciones de radio</u>;

- Podés tener <u>hasta 7 estaciones de radio comerciales</u>, pero <u>no más de 4</u> en el mismo servicio (dicho de otro modo, no más de 4 <u>en AM o</u> no más de <u>4 en FM</u>) dentro de un mismo mercado (dividido en líneas similares al DMA) donde <u>se transmiten entre 30 y 44 estaciones de radio</u>;

- Podés tener <u>hasta 6 estaciones de radio comerciales</u>, pero <u>no más de 4</u> en el mismo servicio (no más de 4 <u>en AM o</u> no más de <u>4 en FM</u>) dentro de un mismo mercado (dividido en líneas similares al DMA) donde <u>se transmiten entre 15 y 29 estaciones de radio</u>;

- Podés tener <u>hasta 5 estaciones de radio comerciales</u>, pero <u>no más de 3</u> en el mismo servicio (no más de 3 <u>en AM o</u> no más de <u>3 en FM</u>) dentro de un mismo mercado (dividido en líneas similares al DMA) donde <u>se transmiten menos de 14 estaciones de radio</u>, siempre y cuando no seas propietario de más del 50% de todas las estaciones de radio de dicho mercado.

Va de nuevo. Todas estas limitaciones van en búsqueda de la defensa de la Santísima Trinidad de la FCC: diversidad, localismo, y competencia. La decisión de elegir estos parámetros no fue un tiro al aire, sino que la FCC siempre debe dar una explicación racional y consistente para llegar a estas limitaciones, que ya sobrevivieron varias batallas judiciales.

Al igual que en la televisión abierta, varios grupos (entre ellos, Clear Channel, un conglomerado que tiene más de 800 radios) asegura que tener varias radios bajo su paraguas le permite realzar la diversidad de sus programas y servir a los intereses de la comunidad local a la cual se dirigen. Por otro lado, los grupos detractores de esta idea sugieren que la concentración de las estaciones radiales en manos de unos pocos debe ser evitada para prevenir una concentración de poder económico, social y político.

En cuanto a las nuevas tecnologías, muchos sugieren que páginas como *Spotify*, *Pandora* y el mismo *iTunes* pasaron de ser nuevos jugadores a feroces competidores de las radios tradicionales. Es así que los actuales propietarios de estaciones de radio tradicionales consideran injusto que empresas como *Pandora* o *Spotify* no tengan las mismas limitaciones que ellos. Un dato no menor es que en estos nuevos inventos sólo se pasa música y no hay espacio para las solicitadas noticias locales o programas culturales o educativos. La FCC no considera que haya que meter en la misma bolsa a gente como *Pandora* o *Spotify*, quienes, a diferencia de las radios convencionales o la televisión abierta, no están usando el espectro electromagnético ni tienen que solicitar una licencia para laburar. De la misma manera, las proyecciones de ganancias por publicidad en las estaciones de radio no son negativas, por lo tanto nada demuestra que la radio necesite una ayuda de la FCC para sobrevivir gracias a una mayor consolidación de medios.

(iii) Limitaciones a la adquisición de operadores de cable

Todos sabemos de la infinidad de canales de cable que hoy día pululan por el mercado. Estos canales contratan con los operadores de cable para ser llevados en su grilla por un precio a determinar entre ellos. Aquí el gran temor es que quede sólo un jugador en el mercado. Si queda uno solo, entonces dicho jugador va a determinar qué canales sobreviven, porque si no son llevados por este operador, entonces no van a ser llevados por nadie, y mucho contenido puede llegar a quedar lejos de las manos del consumidor (aunque hay que tener en cuenta las reglas del *must carry* que vimos en detalle en «Cable on the rocks: 1/3 Gancia, 1/3 whisky, 1/3 pomelo», Capítulo 11, y la regla del *carry one-carry all* de la televisión satelital, que vimos en «David Copperfield», Capítulo 12). La FCC trató de poner ciertos límites.

En 1996 decidió que una persona o empresa no podía ser propietaria de un operador de cable que llegara a más del 30% de las casas habilitadas para recibir cable en los Estados Unidos. Más adelante, en 1999, en vez de contar el porcentaje sobre las casas con posibilidades de recibir cable, lo hizo sobre el número de suscriptores abonados a cualquier operador de cable en el país. Como no podía ser de otra manera, los operadores de cable demandaron... y ganaron. La justicia determinó que había suficiente competencia, en particular por el crecimiento despampanante de la televisión satelital (en el caso de los USA, dos empresas lideran esta industria: *Direct TV* y *Dish*) y de la fibra óptica ofrecida por las compañías telefónicas. La decisión de la FCC, según el tribunal, no había sido racional.

En conclusión, la compraventa de varios operadores de cable por una sola empresa o persona sólo quedará, al menos por ahora, bajo la tutela del Ministerio de Justicia, quien determinará a través de su departamento de Defensa de la Competencia si hay conductas abusivas o monopólicas.

(iv) Limitaciones a la propiedad cruzada de canales de televisión abierta y estaciones de radio

Si te estabas preguntando si un dueño de un canal de televisión abierta puede además tener alguna radio, sin perjuicio de seguir cumpliendo con los límites de propiedad horizontal comentados anteriormente, acá está la respuesta:

- En mercados que tengan <u>al menos 20 "voces mediáticas"</u> independientes (este término incluye a las estaciones de televisión abierta y de radio, los principales periódicos de la zona y los operadores de cable disponibles) una empresa puede tener <u>hasta 2 canales de televisión abierta y 6 estaciones de radio</u>, <u>o</u> en su defecto, puede tener <u>hasta un canal de televisión abierta y 7 estaciones de radio</u>;

- En mercados que tengan <u>al menos 10 "voces mediáticas"</u> independientes (pero menos de 20) una empresa puede tener <u>hasta 2 canales de televisión abierta y 4 estaciones de radio</u>;

- En mercados con <u>menos de 10 "voces mediáticas"</u> independientes una empresa puede tener <u>hasta 2 canales de televisión abierta y una estación de radio</u>.

Insistimos que, además de estas limitaciones cruzadas, las empresas deben cumplir con las limitaciones de propiedad horizontal descritas con anterioridad en este capítulo (ver puntos (i), (ii) y (iii)).

Hasta 1999 no se permitía que una empresa tuviera una estación de radio y un canal de televisión abierta en el mismo mercado, pero a partir de entonces la FCC fue relajando estas limitaciones hasta llegar a la regulación explicada en los párrafos anteriores. En 2011 los tribunales aceptaron estos límites. Estuvieron de acuerdo con la FCC en que las limitaciones cruzadas entre televisión abierta y radio apuntaban a mantener un mercado vibrante de diversas ideas y contenido editorial. Como los ciudadanos confían en la radio y la televisión abierta para obtener noticias e información de su localidad, ambos medios compiten entre sí en el mismo mercado de la diversidad. "En conclusión, FCC, te bendigo en el nombre de la Justicia y te libro de todo pecado. Estos límites que imponés están bien".

En el mismísimo momento en que la Tercera Cámara Federal de Apelaciones entablaba un momento romántico y de amor con la FCC, ésta le estaba metiendo los cuernos. ¿Pero cómo es eso? Ocurre que en el mismo momento en que el tribunal defendía la postura de seguir con estos límites en base a lo establecido en la revisión cuatrienal de 2006, la revisión preliminar cuatrienal de 2010 considera que este límite cruzado no es más necesario. Y así, con buen acento de telenovela y lágrimas que hacen chorrear el rímel en cantidades industriales, la Tercera Cámara Federal de Apelaciones le debe estar diciendo a la FCC: "¿Qué has hecho de mí? ¡Dios mío! ¿Es que ya no me quieres, ya no quieres sentir el calor de mi cuerpo? ¿Me vas a dejar por otra que te llene la cabeza de patrañas y mentiras? No me abandones... Yo te pido, ¡por favor! No me abandones".

¿Qué motivos nos da la FCC para este cambio? El mercado de los medios de las telecomunicaciones está creciendo y haciéndose más diverso y competitivo. En 2006, la FCC había dicho que seguían con la limitación cruzada porque en ese entonces consideraban que, a pesar de los servicios provistos por Internet y el cable, los periódicos y los canales de televisión abierta seguían siendo los lugares primarios a los cuales el ciudadano iba para informarse de las noticias locales (en esos tiempos, allá en la época del mundial de fútbol en Alemania – para los anti-fútbol, 2006– la FCC tenía encuestas que afirmaban que el 38,2% de los encuestados decían que las estaciones de televisión abierta eran la fuente más importante para tener noticias locales y eventos de interés público local. Un 30,1% decía que la fuente número 1 eran los periódicos. Un 6,7% decía lo mismo sobre Internet). Otros interesados decían que no era justo que existiera esta limitación cruzada para las radios y televisiones abiertas, mientras que el cable estaba libre de cargo y culpa (aunque sí debían seguir cumpliendo con las limitaciones horizontales ya descritas en los puntos (i), (ii) y (iii) de este capítulo). La FCC decía que la televisión por cable, al menos hasta 2006, no era una fuente tan significante de noticias locales, y por lo tanto las limitaciones cruzadas no corrían para ella (insistimos hasta el hartazgo que esto es bajo la autoridad de la FCC. El Departamento de Defensa de la Competencia puede decir lo contrario).

De manera tentativa, la FCC sugiere en su revisión cuatrienal de 2010 (que todavía está pendiente de comentarios a fecha de hoy, septiembre de 2012) que hay que eliminar esta limitación cruzada.

Probablemente esto genere una mayor consolidación, y la FCC quiere saber si es correcta esta maniobra. Por tanto, pide comentarios, estudios y sugerencias a quienes estén en la otra vereda. Ella estima que levantar esta limitación va a generar mayores eficiencias para el interés público que consecuentemente van a pasar a los consumidores, al realzar las opciones de programas (como verán, en este caso usa la escuela que afirma que si consolidás, la empresa que se consolide ampliará la diversidad de programación así capta una mayor audiencia y como consecuencia va a tener un mayor margen para ganar más en publicidad).

Ahora la FCC dice que esta regla de limitación cruzada no promueve la competencia. Se ampara en lo establecido en el Departamento de Defensa de la Competencia del Ministerio de Justicia: la publicidad en radio es una bestia distinta a la publicidad en televisión. Resultado: la combinación de radio + televisión abierta no va a dañar la competencia al ser dos mercados publicitarios distintos.

Del mismo modo, dice que los estudios que están sobre su mesa demuestran que los consumidores no consideran a la radio como un sustituto de la televisión abierta, y viceversa. Ni tampoco piensa que la radio o la televisión abierta ajustan sus contenidos en respuesta a los cambios de programación del otro medio.

La FCC remata con algo más simplista. Con la limitación cruzada actual, en los mercados con más de 20 voces independientes, podés tener un máximo de 2 canales de televisión abierta + 6 estaciones de radio o, en su defecto, podés tener un máximo de un canal de televisión + 7 estaciones de radio.

Si recordás los límites a la propiedad horizontal en radio y televisión abierta que vimos en los puntos (i) y (ii) de este capítulo, podrás darte cuenta, señora, señor, que si eliminamos esta limitación de propiedad cruzada una empresa va a poder adquirir sólo una estación adicional de radio (en otras palabras, no va a poder comprar más canales de TV abierta porque eso ya está prohibido conforme a la limitación de propiedad horizontal en la industria de la televisión abierta, y solamente va a poder comprar una sola estación de radio adicional, no más). En conclusión, la FCC dice que este cambio será casi imperceptible.

(v) **Limitaciones a la propiedad cruzada de un periódico y un canal de televisión abierta o estación radial**

Prohibido. Así de seco te lo digo. En 2006 la FCC trató de relajar esta norma, pero la Tercera Cámara Federal de Apelaciones la tiró abajo por cuestiones procesales administrativas, lo que implica que todavía no se sabe si la justicia va a considerar legal el cambio que la FCC quiso hacer en 2006.

La prohibición de tener un periódico + un canal de TV abierta o una estación de radio en el mismo mercado local nació en 1975, y la Corte Suprema de ese entonces avaló la prohibición. ¿El objetivo? Preservar la diversidad de puntos de vista en los mercados locales, y no tener una suerte de Goliat que abarque la única fuente de información. La FCC quería poner límites porque los estudios de esa época concluyeron que los periódicos y la televisión abierta eran los dos medios más utilizados para informarse de noticias locales y discutir sobre temas de interés público.

¿Te acordás que en el punto (i) de este capítulo decíamos que la FCC siempre sostuvo que exigir desinversiones forzadas o compulsivas son perjudiciales para la industria y cualquier beneficio que se busque con ellas es contrarrestado por sus perjuicios? En palabras de la FCC, "la desinversión se debe limitar a los casos *flagrantes*".

En inglés usan la palabra "*egregious*". Si te metés en la página legislativa de la Unión Europea, vas a encontrar este término en 17 ocasiones (al menos a fecha de hoy, septiembre de 2012). De esas 17 ocasiones podés ver el término *egregious* traducido al español como horrendos, atroces, grandes, graves, escandalosos, importantes, flagrantes, brutales, virulentos, patentes. Como la traducción más utilizada es "flagrante" (3 veces), decimos casos flagrantes nomás. ¿Pero cuál es el parámetro de considerar algo como flagrante? ¡Tenemos una guía! Data del año 1975.

En ese entonces, la FCC prohibió que <u>en un mismo mercado</u> un propietario tuviera <u>un canal</u> de TV abierta <u>o</u> una estación de <u>radio</u> **MÁS** <u>un periódico</u> escrito en inglés que se publicara en dicho mercado al menos 4 días a la semana.

En el caso de no cumplir con la nueva normativa, ¿tenías que desinvertir? La FCC sólo exigió desinversión en un caso denominado "flagrante": cuando <u>una sola persona</u> o empresa fuera el dueño del <u>único</u> periódico en la comunidad (que se publicara al menos 4 veces a la semana en inglés) <u>Y</u> del <u>único</u> canal de televisión abierta o estación de radio.

Este tipo de desinversión fue validado por la Corte Suprema en 1978, en *FCC v. National Citizens Committee*.

La FCC detectó 16 de estos casos en todo Estados Unidos. A ellos les pidió que desinvirtieran en cinco (5) años, y la venta iba a estar exenta de impuesto a las ganancias. Podían elegir desinvertir en su diario, su canal de televisión abierta, o su radio. Esto quedaba a criterio del desinversor. Si en 5 años no lograban encontrar un comprador, podían solicitar una extensión (siempre y cuando demostraran que, de hecho, no había comprador ni oferta alguna). También podían pedir una exoneración a la regla si acreditaban que, de desinvertir, los medios de dicho pequeño mercado no iban a poder sobrevivir.

No obstante, estos casos son referidos a dueños que <u>antes</u> de la nueva norma tenían estas combinaciones de medios bajo su propiedad. Si un periódico del mercado quisiera adquirir un canal de TV abierta o una radio luego de la entrada en vigor de esta nueva norma, lo siento mucho amigo, pero no podés. En el caso de que un canal de TV abierta o radio quisiera adquirir un periódico de la zona, la cosa es distinta: allí el dueño del canal de TV abierta o radio tendrá que quedarse con el periódico y transferir su licencia (con la que se le permitía usar el espectro electromagnético de propiedad estatal para usar su canal de TV o estación radial) dentro de un año contado a partir de la adquisición del periódico.

En cuanto a los motivos para dar 5 años para desinvertir dijeron que como las licencias se renovaban por ese entonces cada 3 años, exigir la desinversión a los 5 años les daría tiempo suficiente para encontrar un comprador y recuperar la inversión realizada.

Asimismo, la FCC consideró que las razones para desinvertir en el mercado de un periódico + un canal de TV abierta o radio por parte de un mismo dueño debían ir más allá de buscar una mera diversidad. No obstante, si quien tenía la única estación de radio o canal de televisión abierta del mismo mercado adquiría el único periódico de ahí, el hecho de obtener el monopolio del mercado de las ideas (y el económico también) era suficiente para considerarlo un caso flagrante que ameritaba exigir una desinversión.

La FCC empleó la teoría de que la diversidad de propietarios iba a servir al interés público al promover diversidad de programación y diversos puntos de vista sobre los temas tratados. Como les comentaba, limitó la desinversión para un caso puntual. Consideraba que en el resto de los mercados (es decir, donde había más de un periódico o más de un canal de televisión abierta o radio) la elección de desinvertir no era apropiada. Estimó que iba a perturbar a la industria y perjudicaría en muchos aspectos al interés público. Por otra parte (todo esto en palabras de la FCC bendecidas por la Corte Suprema), declaró que preservar la continuidad de servicios meritorios realzaba el interés público.

En los registros de la FCC, las combinaciones que existían de periódicos más canales de televisión abierta o radio, allá por 1975, tenían acreditados largos servicios en beneficio del interés público, y concluyeron que su reemplazo por nuevos dueños no iba a garantizar que este servicio público continuara con el mismo nivel y calidad ofrecidos por aquéllos, en especial en la época de transición: el nuevo dueño iba a tener que empezar de cero, con altas tasas de interés que iban a dificultar la inversión para mantener la calidad del servicio. Las dislocaciones económicas podrían prevenir que los nuevos dueños obtuvieran el capital circulante (o fondo de maniobra) que fuera suficiente para mantener la calidad de la programación local, y la titularidad de medios por parte de ciudadanos residentes de la localidad probablemente iba a disminuir (la FCC especulaba que para cumplir con esta limitación los dueños que residían en la localidad iban a vender sus medios a gente foránea a su mercado, y éstos no iban a tener mucha idea de cómo funcionaba o qué gustos tenía la comunidad local).

Se presumía que quien había aportado un buen servicio a la comunidad tenía una expectativa legítima de que la renovación trienal de la licencia pasaría por un tubo, sin problemas, en particular con aquellos dueños que habían estado sirviendo a su comunidad por más de 3 años, habiendo obtenido renovaciones de sus licencias en épocas anteriores, puesto que eso implicaba que su servicio beneficiaba al interés público. En términos del porcentaje que dedicaban a varias categorías de programación, se presumía que estas estaciones habían demostrado una "superioridad significativa" sobre otras estaciones. Es por ello que no miraban a la desinversión con buenos ojos, sobre todo porque el resultado final podría ocasionar que futuros propietarios de las licencias no se sintieran motivados para invertir los recursos necesarios para producir un servicio de calidad debido a la inseguridad jurídica.

Por estos motivos es que la FCC estimó desinvertir sólo en este caso flagrante (*egregious*). Ordenar una desinversión generalizada no iba a resultar en "el mejor servicio para el pueblo estadounidense".

Hoy día la FCC considera que para promover el localismo debe relajar (no eliminar) esta normativa. Afirma que la posibilidad de compartir al personal de prensa de un periódico y un canal de televisión abierta o una radio puede aportar economías de escala cuyos beneficios pueden volcarse en los usuarios. Desde el plano competitivo, desde 2002 se afirma que la mayoría de los auspiciantes considera que la prensa escrita, la televisión abierta y la radio son distintos mercados para su publicidad. Ergo, no compiten en un mismo mercado. Por lo tanto, no hay problemas con una de las personas de la Santísima Trinidad: la competencia.

Ya superado el 2006, en 2011 la FCC considera, al menos para la relajación (no eliminación) de esta limitación cruzada entre periódicos y canales de TV abierta o radio, que el mercado ha evolucionado bastante: Internet, de la mano de las tabletas y los teléfonos, que ya califican como una pequeña compu con una capacidad asombrosa de almacenamiento de datos y de velocidad cibernética (aunque a veces extrañes el clásico ruido de conexión a Internet de los '90), ofrece contenido local y diverso. Por otro lado, los periódicos están afrontando una dramática baja en sus ventas desde 2008, llegando a su punto más bajo en 70 años en octubre de 2009. Las ganancias por publicidad, que tradicionalmente eran el 80% de las ganancias de un periódico, han caído un 43% desde 2007 a 2009, y una considerable cantidad de periódicos se declararon en concurso, mientras otros directamente desaparecieron. Los periódicos que siguen en pie cerraron muchas de sus oficinas y despidieron a miles de periodistas. La Asociación Norteamericana de Periódicos (*Newspaper Association of America*) estimó que en 2010 los periódicos volcaron 1,6 mil millones –1.600.000.000... Son muchos ceros dando vueltas– de dólares menos que en 2007 para los noticieros. Desde el otro costado de la cancha, los detractores de esta idea dicen que los departamentos de prensa se van a fusionar y generar menos diversidad de opinión y contenido porque van a responder a menos voces.

La FCC sigue sosteniendo que a pesar del crecimiento de Internet, la fuente primordial de información y programación local sigue siendo la prensa escrita y la TV abierta. El 75% de los estadounidenses obtienen noticias de su localidad a través de la TV abierta. En 2010, un 37% seguía leyendo la prensa escrita en papel. A su vez, cuando el consumidor va a Internet a chequear qué hay de nuevo en su localidad, la mayoría accede a las páginas web de la prensa escrita o de la TV abierta. De 1.074 sitios web con noticias locales, sólo 17 no pertenecen a un medio tradicional (o sea, una radio, un canal de TV, o un periódico que sale a la venta en papel). Es por ello que siguen sosteniendo que a pesar de que la norma debe ser relajada, bajo ningún punto de vista debe ser eliminada.

La regla que propone la FCC es la siguiente:

- Se va a <u>presumir</u> que está dentro del <u>interés público</u>, <u>sólo</u> en el caso de estar <u>dentro de los 20 principales DMA</u> de Estados Unidos, que <u>un periódico</u> (aquellos periódicos que se publican al menos 4 días a la semana, escritos en el idioma que domina el mercado y que circula en la comunidad donde se publica) se fusione con (i) <u>un canal comercial de TV abierta o una</u>

estación de radio; Y (ii) el canal comercial de TV abierta no esté dentro de los top 4 del DMA; Y (iii) al menos 8 voces independientes perduren en el DMA luego de la compraventa (para contar estas 8 voces independientes se van a contar todos los canales comerciales y no comerciales de TV abierta del DMA, más todos los periódicos del DMA).

- Bajo todas las demás alternativas, la presunción será que la consolidación será en contra del interés público, y la carga de la prueba para demostrar lo contrario queda bajo quien quiera adquirir un nuevo juguetito, y la carga es brutal, muy difícil de obtener.

Cuando la presunción sea a favor de la adquisición, la FCC va a analizar caso por caso si de verdad la consolidación va a ayudar a la Santísima Trinidad (diversidad + competencia + localismo).

Eligió relajar la norma sólo en los primeros 20 DMA de los USA porque considera que en esos grandes mercados la relajación de esta norma no va a tener impacto en la diversidad de puntos de vista. Distinto es el caso de los DMA fuera de los top 20. Por empezar, fuera de los top 20 no hay ni siquiera 8 voces independientes, y esa fue una de las principales razones para exonerar de la limitación sólo a los top 20 DMA.

(vi) Limitaciones a la propiedad cruzada de una compañía telefónica y un operador de cable

Cortita y al pie. En la psicodelia de los '70s, los operadores de telefonía local tenían prohibido entrar en el negocio del cable en su misma área. La cosa cambió en 1996 con la reforma de la Ley de Telecomunicaciones. Aquí se estableció que si una compañía telefónica decidía entrar en el mercado de programación visual, podía usar 1/3 de su canal para ello. Consecuentemente podía elegir ser tratada, entre diversas opciones, como un operador de cable. Es decir, pueden liberar parte de su canal para **entrar** en el negocio del cable. Lo curioso

155

es que **no pueden comprar** o tener más de un 10% de participación u otro tipo de control en la gestión de un operador de cable, y viceversa (un operador de cable no puede comprar o tener más de un 10% de participación u otro tipo de control en la gestión de una operadora telefónica local).

*

Este tema da para un libro aparte, pero creo que se puede convertir en algo tedioso si seguimos. Si estás interesado en ver cuáles empresas son las dueñas de los medios de telecomunicaciones en los Estados Unidos, te ofrezco estas dos páginas que están muy buenas para recolectar dicha información:

http://www.freepress.net/ownership/chart
http://www.cjr.org/resources/

Si querés saber cuál fue la última gran fusión aprobada por la FCC, fue en 2011: *Comcast* (principal operador de cable e Internet de Estados Unidos, y el tercero en telefonía) adquirió *NBCUniversal* (dueña de NBC, uno de los top 4 en televisión abierta en los USA, los estudios *Universal Pictures*, y con participaciones en más de una docena de canales de cable). Fue el matrimonio ideal para ellos, porque uno es productor de contenido, mientras que el otro es el distribuidor. Acá podés leer el informe que preparó la FCC tras aprobar esta operación: http://transition.fcc.gov/transaction/comcast-nbcu.html
Pero ahora toca que entre en acción la *celebrity* de estas últimas dos décadas. Vamos a ver quién es esa chica llamada Internet.

Capítulo 16: "Hola: Mi nombre es Internet"

Origen: Departmento de Defensa de los Estados Unidos

Communications Decency Act — Protege a los menores de edad de materiales obscenos o indecentes en Internet.

- Sanciona penalmente a quienes transmiten por Internet de manera voluntaria y consciente estos materiales a menores de edad.
- Sanciona penalmente a quienes deliberadamente envían a menores de edad cualquier cosa que, en un contexto determinado, detalle o describa órganos u actividades sexuales o excretorias en términos que sean patentemente ofensivos según la medición de los estándares contemporáneos de la localidad determinada en la que se hace la transmisión.
- Excepciones: si uno de buena fe y con acciones apropiadas y efectivas intenta restringir el acceso a los menores de edad.
  - Solicitar una prueba de su edad.
    - Verificar el acceso con una tarjeta de crédito.
    - Verificar código o número de identificación de adulto.
    - Otros

Internet

- Internet: enorme plataforma con infinitas publicaciones disponibles para millones de personas.
- Ni antes ni después de la sanción de la ley el "vasto foro democrático" de Internet tuvo la supervisión gubernamental y la regulación empleada para la radio y la TV abierta.
- Mayor protección que otros medios bajo la Primera Enmienda.

Janet Reno v. ACLU (1997)

- A diferencia de la radio y TV abierta, la recepción de la información por Internet requiere una serie de pasos por parte del usuario que son más deliberados que simplemente prender la tele o cambiar de dial.
- Un niño debe ser sofisticado y tener cierta habilidad para leer y captar el material que hay en Internet.
- Mediocre "cortar y pegar" del test de Miller
  - Sólo incluye una de las tres patas del test. Le falta agregar que sea una conducta sexual "específicamente definida por las leyes aplicables en el lugar del hecho".
- Se declara inconstitucional a la Communications Decency Act

Qué espanto debe ser para un juez recibir un caso sobre algo innovador, revolucionario, el medio de telecomunicación más impactante que hayamos visto. Uno puede criticar el excesivo presupuesto militar de los Estados Unidos, la borrachera de guerras, pero de vez en cuando sacan algo fenomenal como Internet. ¡Qué lo parió!

Las raíces de Internet pueden encontrarse en ARPANET, una red desarrollada en el Pentágono por los académicos Leo Beranek y J.C.R. Licklider en la década del sesenta (psicodelia, los Doors, Bealtes, Hendrix, Woodstock... y el nacimiento por accidente de este gigante llamado Internet, ¡tremenda década!). Esta red fue creada durante el gobierno de John F. Kennedy con recursos de ARPA (*Advanced Research Projects Agency*, es decir, Agencia de Proyectos de Investigación Avanzados), un brazo del Departamento de Defensa de los Estados Unidos.

ARPANET intercomunicaba computadoras entre universidades y contratistas del Departamento de Defensa. Esto permitía a los investigadores en plena Guerra Fría estar conectados entre sí e intercambiar datos y estudios de manera veloz y eficiente. Licklider tenía claro que estaban entrando en una era tecnológica en la cual se iba a generar una activa interactuación entre el ser humano y la riqueza de la información.

ARPANET trajo sus ventajas, y redes similares a ésta fueron creadas para cosechar más de estos deliciosos frutos, en especial en las universidades. Entonces, para lograr que todas estas redes "hablen" el mismo lenguaje, y no hubiera problemas de comunicación entre ellas, decidieron establecer como idioma común el llamado Protocolo TCP/IP. Así como nosotros nos entendemos porque hablamos español, las redes se entienden porque hablan TCP/IP. Para los que se mueren de ganas y la ansiedad los está matando, TCP es el acrónimo de *Transmission Control Protocol* (Protocolo de Control de Transmisión), e IP es el acrónimo de *Internet Protocol* (Protocolo de Internet). Para intentar entender este idioma, y cómo funciona el envío de información desde su punto de origen a un punto cualquiera de destino, imaginate que yo quiero mandarte a vos un documento de 10 páginas. Lo que TCP va a hacer es desmenuzar este documento en pequeños paquetes de información, suponete, en este caso, 10 paquetes. Cada uno de estos paquetes tendrá una de las 10 páginas del documento, y TCP va a crear un sobre para cada uno de estos paquetes que te estoy enviando y les pondrá un número (página 1 de 10, página 2 de 10, página 3 de 10...). TCP se va a asegurar de que cada paquete esté bien etiquetado para que todos ellos puedan llegarte. Luego, lo que *Internet Protocol* hará es poner en un sobre externo todos esos sobres con paquetes internos, con una etiqueta que va a tener tu dirección de IP (así como cada uno de nosotros tiene un número de celular distinto, cada computadora tendrá su número de IP).

Una vez que estos "sobres" preparados por TCP e IP están listos, estos paquetes de información comienzan su viaje y buscan el *router* más cercano (o sea, buscan la casa de correo más cercana de mi casa, el remitente). Este *router* va a leer el sobre externo creado por *Internet Protocol* y va a ver en la etiqueta a qué dirección IP queremos mandar nuestros paquetes (en este caso, lo que queremos mandar a tu dirección de IP). Luego, ese *router* (la casa de correo cerca de mi casa) va a reenviar nuestro paquete al *router* que parezca más cercano a tu casa (para seguir con la analogía, en el caso de la casa de correo, ellos lo van a mandar a la sucursal más cercana de tu casa, el destinatario, para que luego el cartero tome el paquete en esa sucursal y te lo lleve). Antes de que el *router* lo reenvíe al otro *router* se hará un análisis de cómo está la ruta (en el caso de la casa de correo, verá si es mejor ir por autopista o por colectora, por agua o por tierra, todo basado en la congestión del tránsito). En este viaje puede ocurrir que los paquetes internos (por ejemplo, página 1 de 10 y página 4 de 10) tomen otras rutas, pero una vez que llegan a tu casa (tu dirección IP, donde el cartero nos entrega el documento), tu computadora estará capacitada para recolectar todos los paquetes internos que te mandé. Puede ser que la página 9 de 10 haya llegado antes que la página 1 de 10, pero tu computadora esperará a que todos los paquetes te hayan llegado. Una vez que los tenés a todos, tu computadora te dará el documento que yo te envié en su totalidad y ¡voilà! ya podés ver qué regalito te mandé.

El recorrido que acabamos de describir se llama *packet networking*. Su creador, Paul Baran, un investigador del Instituto RAND, no estaba pensando en Internet, sino más bien en otro objetivo: buscar una herramienta que permitiera reconstruir un sistema y la economía americana ante un hipotético ataque nuclear por parte de los rusos en plena Guerra Fría. Si la ruta a través de la cual se transmitía la información era destruida, con su sistema se habilitaban distintas rutas para que la información siguiera su camino.

En la década del 90, Internet se expandió más allá de las universidades y lugares científicos y pasó a incluir usuarios individuales y negocios que se conectaban a través de *Internet Service Providers* (Proveedores de Servicio de Internet, como Verizon, Speedy, Telefónica...) que habían saltado al negocio de Internet una vez que el Estado había generado la columna vertebral de este nuevo medio de telecomunicación a través de ARPANET.

Escuchar las radios de todo el mundo, ver conciertos de tus bandas favoritas, hablar con tu familia y amigos a miles de kilómetros de distancia (incluso verlos por webcam), método infalible para formar parejas (formales y no tan formales), ver episodios de tus series preferidas, alquilar hoteles, encontrar nuevos restaurantes en tu ciudad, comprar pasajes, comentar una noticia, leer los comentarios a la noticia, ver videos de un oso panda estornudando seguido de un bebé que se ríe de manera muy bizarra, un fanático de River que putea a los cuatro vientos porque su equipo se va a la B, unas teorías conspirativas sobre momentos trascendentales de nuestra historia contemporánea (asesinato de Kennedy, Lennon, las Torres Gemelas...) congregar a la gente para estallar una revolución y echar un dictador, y tantas otras cosas más que nos da Internet.

Pero en 1997 la gente todavía no tenía muy claro qué era esto de Internet, hacia dónde iba a disparar, cómo se iba a regular. A la Corte Suprema de los Estados Unidos le tocó la patata caliente en un caso llamado *Janet Reno v ACLU (American Civil Liberties Union)*. El voto de la Corte (sorprendentemente votaron en bloque y no hubo disidencias) fue redactado por el juez John Paul Stevens[20], quien por ese entonces tenía 77 años.

Este es el primer caso gordo sobre Internet decidido por la Corte Suprema de los Estados Unidos. Hubo una ley sancionada por el gobierno tras un largo año y medio de debate, llamada *Communications Decency Act* (CDA) (Ley sobre la Decencia en las Comunicaciones). Muy brevemente podemos sintetizar su objetivo: proteger a los menores de edad de materiales obscenos o indecentes, sancionando penalmente a quienes transmiten por Internet de manera voluntaria y consciente estos tipos de materiales a menores de edad, como así también sancionar penalmente a quienes deliberadamente envían a menores de edad cualquier cosa que, en un contexto determinado, detalle o describa órganos u actividades sexuales o excretorias en términos que sean patentemente ofensivos según la medición de los estándares contemporáneos de la localidad determinada en la que se hace la transmisión.

Ciertas excepciones lo protegen a uno de ser sancionado. Por ejemplo, si uno de buena fe y con acciones apropiadas y efectivas intenta restringir el acceso a los menores de edad a este tipo de contenido prohibido para ellos, entonces estará libre de cargo y culpa. Estas excepciones van desde solicitar una prueba de su edad (e ingenuamente pensar que un menor de edad no va a clickear en la opción "tengo más de 18 añitos y puedo ver estas cosas impuras"), verificar el acceso con una tarjeta de crédito o un código o número de identificación de adulto.

---

[20] Ver su breve biografía en la nota al pie nro. 6.

Esto suena mucho a lenguaje de *test* de Miller (ver «¿Soy obsceno o indecente?», Capítulo 5), pero vayamos por partes.

- Lo primero que la Corte quiere dejar en claro es que están enfrentados a un chiche nuevo: Internet. Por eso utiliza un lenguaje muy suntuoso sobre esta nueva invención. Habla de un "formidable nuevo medio de telecomunicación, único, que comunica a toda la humanidad"; afirma que la *World Wide Web* es una "enorme plataforma con millones de publicaciones disponibles para millones de personas, como así también ofrece innumerables bienes y servicios"; hasta llegan a decir que "el contenido de Internet es tan diverso como el pensamiento humano".
- Segundo, a pesar de que el material de Internet, sin importar el tipo de contenido, está disponible para todos, según la Corte (recordemos, esto era en 1997, donde sólo había cien mil (100.000) páginas web, frente a las más de 600 millones (600.000.000) que hay hasta la fecha, septiembre de 2012, y sólo había la magra suma de 12 millones de suscriptores a Internet en los Estados Unidos) los usuarios no encontraban los contenidos de manera accidental. A diferencia de las comunicaciones radiales o de la televisión abierta, la recepción de la información por Internet requería una serie de pasos por parte del usuario que eran más deliberados que simplemente prender la tele o cambiar de dial; para la Corte de ese entonces un niño debía ser sofisticado y tener cierta habilidad para leer y captar el material que había en Internet. Insisto, este fallo es de 1997, y con él podemos ver un poco la jaqueca que tienen los jueces para decidir algo que cambia a la velocidad del rayo. Creo que cualquiera que vea hoy día cómo un niño maneja Internet como si tuviera un PhD en la materia muestra con claridad que los chicos la tienen muy clara y pueden ver lo que se les antoje con

total impunidad (y, en algunos casos, ignorancia de los padres).

- Tercero: el ciberespacio nos complica el intento de chequear la edad de los usuarios. Por citar una de las excepciones de la ley que deja libre de culpa y cargo a un distribuidor de contenido por Internet, se le puede pedir al usuario una tarjeta de crédito, pero eso sería para los sitios en los que haya una operación comercial, dejando de lado pila de contenido que pulula por la Web que no es comercial, y por el cual te pueden sancionar bajo la ley.

Sobre la semejanza al *test* de Miller, la Corte quiso aclarar lo siguiente:

- En la norma descrita en la Ley sobre la Decencia en las Comunicaciones se hace alusión a la "indecencia", pero no se la define.
- Habla de materiales que, en un contexto determinado, representan o describen órganos u actividades sexuales o excretorias en términos que sean patentemente ofensivos según la medición de los estándares contemporáneos de la localidad determinada en donde ocurra la transmisión. Sobre esta definición, que tiene olor a *test* de Miller, la Corte aclara lo siguiente:

    o Lo escrito en la Ley sobre la Decencia en las Comunicaciones sólo se asemeja a una de las tres patas del *test* de Miller. Faltan las otras dos. Además, esta pata que está en esta norma tiene matices distintos a la que está en Miller. En el *test* de Miller se habla de "si el material describe o representa, de una manera patente y ofensiva, una conducta sexual específicamente definida por las leyes aplicables en el lugar del hecho". Esta última parte ("específicamente definida por las leyes aplicables en el lugar del hecho") es lo que falta en la norma que

> estamos analizando, y sin este fragmento, la norma carece de sentido (además de que le faltan las otras dos patas del *test*: (i) si una persona común y corriente, aplicando estándares contemporáneos de la comunidad en donde reside, encontrara que el trabajo, tomado en su totalidad, atrae a su interés lascivo, y (ii) si el trabajo, tomado en su totalidad, carece de un serio valor artístico, científico, literario o político).
>
> A su vez, en el *test* de Miller hablamos de "conducta sexual", mientras que acá lo ampliamos a "actividades excretorias" y "órganos" tanto de naturaleza sexual o excretoria. Si ya hay gente que nos dice que el *test* de Miller es un poco vago (que ya dijimos que no lo es, pero muchos se quejan), menos que menos podemos defender esta norma que contiene un tercio del *test* y, encima, mal copiado.
>
> (*"Esto es palabra de la Corte Suprema"*... *"Te alabamos Señora Justicia"*).
>
> La Corte le está diciendo al Congreso que hizo un "cortar y pegar" espantoso, y que los legisladores deberían haber hecho mejor su trabajo de cara a crear una nueva ley sobre material indecente y material obsceno en Internet. Lo dicho, un *cut & paste* mal hecho.

El gobierno trató de usar las decisiones de *Pacifica* (ver «Las 7 malas palabras de la discordia», Capítulo 4) y *Ginsberg*, ya que en ambos casos la Corte Suprema sostuvo la constitucionalidad de las normas creadas por el Congreso sobre temas similares. Sin perjuicio de lo ya aclarado (que la norma era distinta al ya bendecido *test* de Miller), la Corte no quiso dejar cabos sueltos.

En *Ginsberg v. New York*, un fallo de 1968, la Corte Suprema sostuvo la constitucionalidad de una norma estatal de Nueva

York que prohibía la venta a menores de 17 años de material que fuese considerado obsceno para ellos (los menores), a pesar de que sólo sea considerado indecente para los adultos. La Corte se amparó en el bienestar de los menores de edad y en el reconocimiento de que el control parental a veces necesita una mano de terceros (acá, el Estado)[21].

Sobre el intento de usar *Ginsberg* a favor del gobierno, la Corte dijo lo siguiente:

> - En *Ginsberg*, la prohibición de vender a los menores de 17 años no impide que los padres den el visto bueno y compren el material prohibido a sus hijos (aunque, francamente, pensar que tu papá o mamá te vaya a comprar de onda una *Playboy* o una *Hustler* es un poco delirante). Acá, en *Reno v. ACLU*, no es el caso: aunque haya consentimiento de los padres, igual se sanciona a la acción con multas y penas de prisión.

---

[21] En este caso el juez William Orville Douglas, el tipo que más duró en la Corte, nada más y nada menos que 36 años y medio, elegido en 1939 por Franklin D. Roosevelt, tuvo un voto en disidencia en *Ginsberg* que vale la pena destacar. Resumiendo, su dictamen fue el siguiente: "*Una definición de obscenidad es imposible. Cualquier definición sobre qué es la obscenidad es altamente subjetiva y enciende la neurosis del censor. Aquellos con un conflicto en su subconsciente podrán convertirse en fervientes opositores de cierta literatura o bien ser ávidos consumidores de ésta. Ése, por supuesto, es el peligro de dejar a un grupo de ciudadanos ser los jueces de aquello que otras personas, jóvenes o viejos, deben leer. Hoy día nuestra Corte se ha convertido en la junta nacional de la censura. Con todo respeto, no conozco otro grupo menos calificado para saber qué es la obscenidad cuando la ve, y segundo, que tenga un juicio apropiado sobre qué impacto nocivo o beneficioso puede llegar a tener una publicación en las mentes de los ancianos o los jóvenes*".

Quien sucedió a este juez en 1975 fue, casualmente, John Paul Stevens, el juez que terminó redactando este fallo: *Reno v. ACLU*.

- En *Ginsberg* sólo se habla de operaciones comerciales (compra de libros, revistas). Acá, se incluyen también a las operaciones no comerciales.

Pero no olvidemos que el equipo del gobierno también quiso usar *Pacifica* (ver «Las 7 malas palabras de la discordia», Capítulo 4) en su favor. La tropa de la Corte con sus nueve soldados tenía esto que decir:

- En *Pacifica* se estaba regulando un medio que ya tenía sus años y sabíamos de qué se trataba. Además, el eje de la cuestión en *Pacifica* era ver dónde y en qué horario sería apropiado poner el sketch de George Carlin y sus siete palabrotas. No se discutía si el programa debía ser censurado de un medio en su totalidad, como ocurre en este caso.
- Por otro lado, en *Pacifica* estábamos hablando de una licencia otorgada por el Estado para utilizar el espectro electromagnético. Acá estamos hablando de un medio completamente descentralizado y único llamado Internet, donde no se usa dicho espectro, propiedad del Estado.

La Corte quería dejar en claro que cada medio de telecomunicación iba a tener su propio análisis. Por ejemplo, menciona sobre cómo en *Red Lion* (ver «Pegame y decime comunista», Capítulo 1) influyó, y mucho, la escasez de las licencias a repartir y la vasta regulación de la televisión abierta y las emisoras de radio. Y para decorar el postre con una frutilla, y como estocada final, la Corte dice que ni antes ni después de la sanción de la CDA el "vasto foro democrático" de Internet tuvo la supervisión gubernamental y la regulación empleada para la televisión abierta y las emisoras de radio. ¡Andá a meterte con Internet después de que la Corte lo llame el "vasto foro democrático"! Dale, hacete el guapo para ir en contra de este medio de comunicación "relativamente ilimitado y de bajo costo para comunicaciones de todo tipo". ¡Va a ser durísimo ganarle!

En conclusión, la Corte miró fijo a los legisladores a los ojos, levantó el índice derecho y les dijo: "Se van al rincón a reflexionar qué hicieron mal, y hasta que no se den cuenta de lo que hicieron mal, no me vengan a hablar. Lean el fallo y hagan bien los deberes".

Eso es lo que hicieron, y como no podía ser de otra manera, en 2004 la Corte Suprema tuvo que salir a jugar de nuevo a la cancha.

Capítulo 17: Internet Reloaded!

Child Online Protection Act (COPA)
- Mejor "cortar pegar" del test de Miller.
- Aplicable a sitios online con fines de lucro transmitidos por la World Wide Web (WWW).
- Ley de contenido parcial.
  - Si hay alternativa distinta a la norma que consiga con la misma o mayor eficacia el mismo fin (i.e. chicos no estén expuestos a la pornografía) y restringe menos a la libertad de expresión.
    - Entonces gobierno debe usar esa alternativa.

Aschroft v. ACLU (2004)
- No son restricciones de carácter universal que se aplican desde la fuente que transmite el contenido.
  - Cada uno elegirá si bloquea o no.
- Bloqueo voluntario y utilización de software que filtrara el contenido son considerados métodos más eficientes y menos restrictivos para proteger a los menores de edad.
- Mayor protección al derecho de los adultos.
- Se evita condenar penalmente a ciertas categorías de expresión.
  - COPA tiene sanciones penales.
- Puede bloquear todo el contenido pornográfico de Internet.
  - COPA sólo incluía a sitios cuyos servidores estaban en Estados Unidos.
- Estudio del propio Congreso dice que este mecanismo es más eficiente que el aplicado en COPA.

Corre el año 2004, y artistas como Beyoncé, Usher, Outkast y Kanye West lideran los charts musicales en los Estados Unidos. Un flaco llamado Mark Zuckerberg crea algo llamado Facebook. En Madrid, 191 personas mueren en un atentado terrorista y el socialista José Luis Rodríguez Zapatero gana las elecciones presidenciales tres días después. Un tsunami liquida a más de doscientas mil personas en Asia, y 194 personas pierden la vida durante el recital del grupo Callejeros en el boliche Cromañón de la Ciudad de Buenos Aires. Schumacher gana su séptimo mundial de Fórmula 1, Atenas alberga los juegos olímpicos y Argentina se lleva el oro en básquet y fútbol.

A su vez, el Congreso de los Estados Unidos leyó palabra por palabra el fallo *Reno v. ACLU,* de 1997 comentado en el capítulo anterior (ver «Hola: Mi nombre es Internet» Capítulo 16), y así intentó sancionar una ley que sobreviviera a las muy posibles demandas presentadas en tribunales (¿sin demandas en Estados Unidos? ¡Ja! Andá a cantarle a Frank Sinatra). Los legisladores hicieron los deberes y sancionaron la *Child Online Protection Act* (**COPA**) (Ley de Protección Online para Niños). En ella pulieron el error de definir de manera tan vaga a los contenidos que iba dirigida la *Communications Decency Act* (CDA) que vimos en el capítulo anterior. En otras palabras, hicieron mejor el "cortar y pegar" del *test* de Miller (ver «¿Soy obsceno o indecente?», Capítulo 5) y fueron bastante más precisos. Otra distinción que debe señalarse es que se apuntó a los sitios *online* con fines de lucro y sólo a los que eran transmitidos por la *World Wide Web* de manera consciente y deliberada (material accesible utilizando exclusivamente HTTP – *Hypertext Transfer Protocol.* Quedaron afuera materiales a los que se acceden a través de SMTP –*Simple Mail Transfer Protocol*– que se encarga de las transmisiones de e-mail. Por tanto, el material enviado por e-mail queda excluido de esta ley). Al igual que en la CDA, hay sanciones penales.

Como no podía ser de otra manera se trabó una medida cautelar para que esta ley no se aplicara. Y el caso llegó a la Corte Suprema, y quien llevó la voz cantante de la mayoría (el partido quedó, esta vez, 5 a 4) fue Anthony McLeod Kennedy, el mismo del caso Playboy (ver «El imperio Playboy», Capítulo 10). Desde aquel fallo de 1997 Internet creció a pasos de gigante. Por empezar, si recuerdan, en esa época sólo había cien mil (100.000) páginas de Internet. Bueno, el abogado del Estado, defensor de la constitucionalidad de COPA, le comentó a la Corte durante los argumentos orales que el fin de semana previo a enfrentar las preguntas de los 9 jueces se había metido en Google (quien ya por ese entonces, en 2004, era una estrella en ascenso) y al tipear la frase *"free porn"* (pornografía gratuita) le saltaron 6.230.000 páginas. Cuando COPA fue sancionada en 1998 sólo existían 28.000 páginas pornográficas. Esto demuestra la velocidad del crecimiento de Internet.

La batalla fue sangrienta, un Vietnam dentro del Palacio de Justicia de Washington, D.C., un Argentina-Brasil jugado con el cuchillo entre los dientes. No les voy a arruinar el final, pero el partido (o la guerra de plumas jurídicas) comenzó de la siguiente manera y se llamó *Aschcroft v. ACLU*:

> - Como todos los casos que estuvimos viendo, acá también nos estamos refiriendo a una ley que ataca a un contenido concreto: la pornografía en Internet (la ley habla de "material que sea dañino para menores de edad", y luego hizo un casi perfecto "cortar y pegar" del *test* de Miller para definir qué es "dañino", con el matiz de que en cada uno de los tres factores agregaron que sólo se aplicaba a menores de edad, como en *Ginsberg*).
> - Recordemos de nuevo, repitiéndolo hasta el hartazgo, que cuando una ley está restringiendo una expresión particular, para que sobreviva el escrutinio judicial debe restringir de la manera más atenuada posible a la libertad de expresión con el fin de promover un interés público fundamental (en este caso, proteger a los menores de edad de la pornografía en Internet) (ver «¿Soy obsceno o indecente?», Capítulo 5). Si hay una alternativa distinta a la plasmada en la normativa vigente que consiga con la misma o mayor eficacia el

mismo fin (que los chicos no estén expuestos a la pornografía), y esa alternativa restringe menos a la libertad de expresión, entonces el gobierno va a tener que usar dicha alternativa y descartar la que está actualmente en vigor.

- Para la Corte Suprema había algo que, con menos restricción a la libertad de expresión, podía proteger a los menores de edad de manera tan eficiente como lo hacía el sistema creado por la ley. Según la Corte, un bloqueo voluntario por parte de los adultos y la utilización de software que filtrara el contenido que quería regularse –la pornografía en Internet– eran métodos más eficientes y menos restrictivos para proteger a los menores de edad.

o Este sistema genera restricciones en cada punto de conexión (o sea, en cada compu, restringiendo a gusto y placer de cada usuario). No son restricciones de carácter universal que se aplican desde la fuente que transmite el contenido. En otras palabras, la Corte, como en el caso *Playboy* (ver «El imperio Playboy», Capítulo 10), se siente mucho más cómoda con el bloqueo voluntario (la regla, por defecto, será que el contenido aparezca en tu pantalla) que con el bloqueo automático (si querés que el contenido aparezca en tu pantalla vos tenés que desbloquearlo según te lo indica la ley – dando tu tarjeta de crédito, pidiendo por escrito que te lo desbloqueen, creando una clave de acceso, etc.)

o Bajo el sistema de bloqueo voluntario, los adultos sin menores de edad en sus casas podrán acceder sin problemas al contenido en cuestión, sin necesidad de acciones adicionales de su parte, como dar una tarjeta de crédito. Incluso los adultos que tienen hijos menores de edad en sus casas pueden acceder a ese contenido al desactivar el software que filtra contenidos eróticos. Además, si se promociona la utilización del software que filtra este tipo de contenidos se evita condenar penalmente a ciertas categorías de expresión, y eso siempre será saludable para la defensa de la libertad de expresión[22]. Uno se pregunta qué hubiera pasado si la ley sólo hubiera impuesto sanciones civiles. Quizás la disidencia hubiera logrado traer a uno o más jueces de su lado, y la ley hubiera sido declarada constitucional. Sin embargo, otros opinan que, de quitar las sanciones penales, la ley hubiera sido mero papel mojado, sin efectividad alguna.

o   Por otro lado, con los filtros podés bloquear voluntariamente todo el contenido pornográfico que hay en Internet. Con el sistema amparado por la ley en vigor sólo se regulan aquellos sitios cuyos servidores están en Estados Unidos. Según los estudios presentados a la Corte, más del 40% del material pornográfico viene de afuera de los Estados Unidos. Un argumento que uno puede calificar de inusual fue el que la Corte usó en relación con este punto: dijo que la efectividad de la ley en cuestión –la COPA– iba a perder por goleada porque los proveedores de material pornográfico que estuvieran cubiertos por esta ley iban a hacer un *outsourcing* de la

---

[22] Quienes a sabiendas transmitían estos contenidos dañinos para los niños y no tenían inmunidad por no haber utilizado sistemas de bloqueos automáticos –utilización de una tarjeta de crédito o débito, códigos de acceso para adultos, verificación digital de la edad– podían ser multados hasta por un importe de cincuenta mil dólares y, además, podían ser condenados hasta 6 meses en la cárcel.

pornografía y moverían sus operaciones al extranjero (que se vayan a fabricar lápices, remeras, biromes, guitarras; que los *call center* y los servicios de soporte técnico se vayan a Asia, OK. ¡Pero no se lleven nuestro rentable negocio de la pornografía al exterior!).

o El mundo avanza, y a diferencia de hace 20 años, hoy un menor tiene fácil acceso a una tarjeta de crédito, por tanto el sistema de "pedir una tarjeta de crédito" no va a funcionar.

o El software es más eficiente, porque se puede aplicar a cualquier forma de comunicación por Internet y puede ir más allá de la *World Wide Web*. Asimismo, el software te lo ofrece de manera gratuita tu operador de Internet.

o Una comisión creada por el Congreso estudió los distintos sistemas de protección en boga. El resultado final del reporte presentado por ellos fue que los bloqueos voluntarios con filtros provenientes de diversos software tenían un grado de efectividad mayor que el pedido de documento de identidad o tarjeta de crédito (en una escala de 1 a 10 en efectividad, los filtros tuvieron una nota de 7,4; el pedido de documento de identidad, 5,9; el pedido de tarjeta de crédito, 5,5).

Bloqueo voluntario vs. bloqueo automático, esa es la cuestión:

Adolescente en plena época de pubertad, dándole el primer mordisco al Big Mac: "¡La reconcha de la lora, este Big Mac tiene pepinos! Ya mismo me voy a quejar".

Adolescente en plena época de pubertad, indignado, encara al primer empleado de Mc Donalds: "Disculpá, el Big Mac mío está lleno de pepinos".

Empleada de Mc Donalds, en su segundo turno, con voz de agotada: "Sí, mirá, si no querés tu hamburguesa con pepinos lo tenés que pedir en caja. De lo contrario viene con pepinos".

Adolescente en plena época de pubertad, patitieso frente a semejante sacrilegio: "¡Pero el pepino es un asco! ¡A nadie le gusta en este país!".

Empleada de Mc Donalds, mientras chequea el SMS que le acaba de llegar del pibe que se levantó en Facebook y lo va a ver hoy a la noche en Costanera: "Sí, bueno, lo siento, a mucha gente le gusta el pepino. Si no lo querés tenés que pedir en caja que te lo saquen, nada más. No te olvides de hacerlo la próxima vez".

*

Los jueces disidentes de este fallo estaban en llamas, en especial porque consideraron que el Congreso había hecho sus deberes y había seguido al pie de la letra lo que la Corte Suprema les había pedido en 1997 en el caso *Janet Reno v. ACLU* (ver «Hola: Mi nombre es Internet», Capítulo 16): ajustaron la definición al *test* de Miller, pero aplicado para los estándares de un menor de edad, tal y como lo habían avalado en la década del 60 en *Ginsberg*.

Esto, según el juez Stephen Breyer (quien redactó uno de los votos de la disidencia) era exactamente lo que le habían pedido al Congreso en 1997[23].

Además, Breyer afirmaba que al haber adaptado la definición al *test* de Miller quedaba fuera de cuestión el temor de restringir

---

[23] Stephen Breyer fue nombrado juez de la Corte Suprema por Bill Clinton en 1994. Oriundo de San Francisco, antes de entrar en la Corte Suprema se destacó por dar clases de Derecho Administrativo en Harvard y ser juez de una de las Cámaras Federales de Apelaciones de los Estados Unidos.

temas que nada tenían que ver con la pornografía, como por ejemplo, el reporte de Ken Starr sobre el escándalo de Bill Clinton con Monica Lewinsky, el libro *Brave New World*, de Aldous Huxley, un ensayo sobre la experiencia de un joven con la masturbación, o un ensayo sobre la homosexualidad (en todos estos casos estarían cumpliendo los puntos del *test* de Miller, en donde se requiere que se pueda escribir una suerte de reporte o una investigación seria al respecto).

Breyer comprendía que aquellos métodos como el utilizar una tarjeta de crédito generaban un gasto, y la verificación de la edad podría generar algún tipo de vergüenza para quien pidiera el contenido pornográfico, pero esos no son motivos que automáticamente tiren por la borda estos métodos de protección a los menores de edad para defender la libertad de expresión. En otras palabras, "no es mucho lo que le pedimos a los mayores de edad para acceder a esos contenidos. Los filtros ya existen y se ha demostrado que no funcionan. Si dejamos todo como está ahora, sin COPA, el problema persistirá. A su vez, el software que filtra contenido no tiene la inteligencia suficiente como para distinguir entre una foto de la Venus de Milo y una imagen obscena. Mucho contenido protegido bajo la Primera Enmienda sería bloqueado, y esta es una de las cosas que COPA quiso evitar. Emplear COPA sería como cuando se le pide el documento de identidad a un adulto cuando está por entrar en un cabaret".

Seguro que para Breyer y los guerreros disidentes los filtros empleados de manera voluntaria por cada adulto podrían ser menos restrictivos, pero ellos no estaban de acuerdo en que los filtros voluntarios fueran iguales o más eficientes. Es más, según ellos, tal y como lo dijimos anteriormente, los filtros carecen de precisión y al final los padres terminarían filtrando más información de la que quisieran, incluso material muy valioso (como los libros y ensayos citados en los párrafos anteriores).

Por otro lado, sobre el hecho de que el 40% de la pornografía vendría de servidores extranjeros y a ellos la ley no les sería aplicable, Breyer insiste en que la ley estaría eliminando un 60% de contenido accesible para menores de edad, y eso es un gran paso, suficiente para decir que la ley hace bien sus deberes.

Contestando al reporte preparado por la Comisión del Congreso, en donde se otorgó la mayor calificación para protección de los menores de edad a los bloqueos voluntarios con software por parte de los mayores de edad, Breyer dijo que, monedas más, monedas menos, nunca iba a haber soluciones mágicas a este tipo de problemas... Siempre se iba a encontrar algo un poquito más eficiente y menos restrictivo, siempre iban a existir abogados y jueces pícaros y de labia prodigiosa que no tienen problemas en cargar horas a sus clientes y presentar escritos voluminosos y ponencias eternas. Siempre podrán imaginar alguna otra opción ligeramente menos restrictiva e igual de efectiva. Este enfoque haría imposible la progresión y la sanción de leyes que buscan proteger un interés concreto. Si ese fuera el enfoque, un juez siempre va a poder encontrar opciones mínimamente menos drásticas a la que está en vigor y tirar por la borda una norma.

En conclusión, tanto la mayoría como la minoría tienen muy en claro los juicios de valor constitucionales, pero ven los mismos hechos de distinta manera.

Bicho de ciudad que toma mate por primera vez: "Uh, esto está muy amargo che, mejor le pongo azúcar".

Amigo que lo invitó saborear mate por primera vez, reaccionando frente a tal blasfemia: "¿Vosss querésss morir en essste inssstante?".

Bicho de ciudad, ofendido: "¡Pero es muy amargo!".

Amigo, gurú del mate: "No es amargo. Bancátela, si no te gusta, no tomes".

*

Argento I, frotándose la panza de dolor: "Uh, qué dolor. Me acabo de morfar cuatro milanesas y no doy más. ¡La panza me va a explotar!".

Argento II, mirándolo con cara de asco: "Sos un flojito pibe, con cuatro recién empiezo. Yo para llenarme necesito ocho".

*

Ferviente hincha de fútbol, en momentos de la vida en que está por elegir entre el fútbol o su mujer: "¡Qué lo parió, Pablito! ¡Viste el golazo que clavó Messi!".

Otro ferviente hincha de fútbol que jura pudo haber sido futbolista profesional, pero prefirió ser empleado en una imprenta: "Bah, ¡dejate de joder, Rubén! Le salió de culo nomás. Quiso patear un centro y el arquero salió a papar moscas. Encima el muerto de Messi no canta el Himno, es un gil".

*

Cliente de un exquisito restaurante de un barrio paquete de Córdoba: "Los panqueques de dulce de leche, ¿son para compartir?".

Mozo que ya fichó a la rubia que acaba de entrar y se le cae la baba: "Sí, son para compartir".

Cliente: "Buenísimo, traenos un panqueque entonces".

Diez minutos más tarde llega el mozo con el panqueque.

Cliente: "¡Pe, pe, pero este panqueque es raquítico, viejo! ¡Es para una laucha!".

Mozo que ya desnudó a la rubia 1.000 veces en su mente: "Disculpe señor. Si así le parece, le traemos uno más sin cargo".

Cliente, que parece un fama resignado: "Ta bien, no pasa nada, así está bien".

*

Estudiante de administración de empresas, en un final de Derecho Societario: "La puta madre, este hijo de puta de Palumberto nos hizo estudiar 50 páginas para Derecho societario. ¡¿Está demente este tipo, qué bicho le picó?!".

Amigo suyo que ayer dio el final de Derechos Reales y tiene el color de un papel mojado luego de estar semanas encerrado en la biblioteca: "Andá a la puta que te parió. ¿De eso te quejás? ¿50 páginas de garcha? ¡No es nada, botón!".

Estudiante de administración de empresas, gesticulando como buen descendiente de italianos: "Andá gil, volvete a tercer grado a aprender la tabla del 5, burro, que te pongo a sumar dos más dos y te agarra un ataque de pánico".

*

Y hay un tema que arde desde 2004:

¿Qué pasa si, de golpe, un proveedor de Internet tipo Speedy, AT&T, Orange, Telefónica, Ono o Telecom decide dar prioridad al tráfico de, por ejemplo, el canal de televisión CNN porque paga un plus, o hace más lento el acceso a cosas que no son de su agrado, o una empresa de celulares decide que no va a permitirte bajar el Skype a tu teléfono porque estarías consumiendo menos minutos al emplear el programa con llamadas de bajo (o nulo) costo?¿Y si no les gusta tu opinión política y te aparece el error 404 y tu página web no se puede mostrar? Veamos qué es esto de la neutralidad en Internet.

Capítulo 18: Nacionalidad de Internet, ¿la neutralidad suiza?

Discriminación de contenido
- Prohibir bajar programas que compiten con tus servicios (e.g. Skype)
- Enviar más rápido el contenido de una página que está asociada a tu compañía.
- Edición y censura de contenido que no simpatiza con el proveedor de Internet.
- Solicitud a las páginas web (e.g. Google, Youtube) de porción de ganancias por publicidad.

Neutralidad en Internet

- Declaración política: queremos una Internet neutral.
- Penaliza a Comcast por hacer trafico de BitTorrent más lento.
- Comcast demanda y gana.

- Dificultad de regular Internet.
- No hay Título en la Ley de Telecomunicaciones que regula Internet.

FCC:
- Transparencia: proveedores deben publicar toda la información sobre su gestión de red y términos comerciales de su servicio (cuota mensual, política de terminación del contrato, política de privacidad y protección de datos).
- FCC quiere que cada proveedor de banda ancha revele su política de gestión cuando la red está congestionada.

- Diciembre de 2010: nueva norma que busca promover la neutralidad.
- No al bloqueo de contenido que sea legal ni de aplicaciones de otras compañías u aparatos que no sean dañinos para la compañía que provea Internet.
- ¿Apple y Flash?

- Que no haya una discriminación irrazonable en la gestión del tráfico a través de la red.
- ¿Censura de blogs u otros sitios?

- Gestión razonable de la red.
- Promoción de filtros para bloqueo voluntario realizado por cada usuario.

Sería lo más normal del mundo para cualquier consumidor considerar a un proveedor de Internet (Speedy, Telecom, Verizon, Telefónica...) como lo que los estadounidenses llaman un "caño tonto (*dumb pipe*)": lo único que hace es servir de autopista para la información, sin distinguir entre el tipo de contenido que pasa por allí –le da igual que sea un fitito, un BMW, una bicicleta, rollers, skate, velero, lo que venga, lo que sea.

Hasta que de golpe, te encontrás con cosas como las siguientes:

- Que una compañía como la *Madison River Communications* o *Metro PCS* no te deje bajar el Skype con su sistema porque compite con el servicio que ellos ofrecen;
- Que se dé más velocidad a las videoconferencias y los videojuegos y se hagan más lentos los envíos de e-mails –con la explicación de que la llegada de un e-mail 1, 2, 5 segundos más tarde no te va a afectar en tu vida cotidiana;
- Que un proveedor de Internet pase a ser un policía que determine qué contenidos violan los derechos de autor y dé de baja a aquellos contenidos que, según su entender, violan esos derechos;
- Que un proveedor le otorgue mejor conexión a una página –por ejemplo, a YouTube– porque son socios en otros negocios o son del mismo grupo empresarial;
- Que misteriosamente se edite una transmisión vía webcast de la canción "Daughter", de Pearl Jam, en el momento en el cual Eddie Vedder cambia la letra y realiza una fuerte crítica al ex presidente George W. Bush –donde Vedder le exige a su entonces presidente que se busque otra casa;
- Que gente manifestándose en Egipto y Libia sufra bloqueos totales al acceso a Internet o a páginas como Twitter o Facebook a los fines de evitar que las masas sigan peleando por el fin de largas dictaduras.

Incluso el entonces presidente de AT&T, Ed Whiteacre –alguien que logró sobrevivir a la ruptura del monopolio telefónico de AT&T por parte del gobierno en 1984, pero que supo destruir de manera insaciable a los nuevos competidores y dejó la compañía en 2007, ya bajo una nueva posición dominante dentro del mercado de los USA–, con su acento de cowboy tejano, pegó el grito al cielo y el infierno allí en 2006, porque veía que muchísima gente como Google o YouTube o Yahoo! la estaban levantando con pala, pero no le pagaban un mango a AT&T por usar el "caño tonto" que en muchas ocasiones era propiedad de ellos. No concebía esta ecuación: estos muchachos tenían que empezar a pagar en algún momento, los Google o YouTube tenían que darles al menos un trozo de las ganancias que estuvieran recibiendo por publicidad, y así fue como se armaron los bandos de Internet Para Todos vs. Internet Para Algunos (o quizás el Internet De Lo Que Yo Decida o De Lo Que Vos Me Pagues).

Incluso el grupo de Internet Para Todos creó un grupo, *Save the Internet* (Salven a Internet) que con gloria y pasión afirma que, al final, son los consumidores los que tienen el control, decidiendo entre qué contenido ver, cuáles aplicaciones bajar, cuáles servicios elegir, todo esto sin importar quién es el propietario del "caño tonto" que transporta la información.

Lo más curioso es que en medio de esta batalla muchos gobiernos decidieron invertir dinero en dosis industriales para traer al mundo la maravilla de la televisión digital terrestre, mientras que hay algo llamado "Internet", la plataforma del presente y del futuro, que se la deja de lado como si fuera la fea de la fiesta y en donde no se pone tanta guita como el HD de la maravillosa TV digital –o peor, se reforma una ley de telecomunicaciones tras larguísimos debates parlamentarios, pero al sancionarla vemos que no menciona ni regula a esta hermosa bestia llamada Internet, que lentamente va canibalizando a los "antiguos" medios de telecomunicaciones. Un despilfarro de lobby y tiempo para hablar de la radio, el cable, la televisión abierta, pero ni mu sobre Internet...

sorprendente. Ni siquiera tratando un tema drástico como el de este capítulo: la neutralidad en Internet.

Fue entonces que de manera muy suave y delicada, la FCC, ente regulador de las telecomunicaciones en Estados Unidos, sacó una declaración política (algo así como una carta con algunos principios que no tienen ninguna fuerza legal y vinculante) en donde arengaba y promovía una Internet abierta e interconectada en la cual los consumidores podían elegir lo que se les cantara a la hora de surfear por la web. Esto fue en 2005.

En 2007, Robb Topolski, un ingeniero que laburaba para Intel en Oregon, estaba de baja por padecer anemia. Robb, siendo fanático de los cuartetos a capella, empezó a surfear por Internet y buscó obras musicales de ese estilo que estuvieran en el dominio público. Su ira fue creciendo al ver que las canciones que estaba bajando se descargaban a paso de tortuga. Fue así que decidió experimentar y, como un médico de guardia, trató de ver qué enfermedad tenía su compu, que también parecía anémica. Robb descubrió que Comcast, su operador de Internet, le estaba cascoteando el rancho y era el culpable de que las descargas que él quería hacer desde BitTorrent[24] fueran muchísimo más lentas que el resto de sus operaciones a través de Internet. Robb reportó esto en un foro de Internet y varios corroboraron que Comcast estaba haciendo el tráfico más lento en ciertas ocasiones, en especial en los *peer to peer*. Comcast es el principal proveedor de televisión por cable e Internet de los Estados Unidos y es la cuarta compañía de telefonía fija.

Dos organizaciones no gubernamentales, la *Free Press* y la *Public Knowledge*, le pidieron a la FCC que hiciera algo, y lo hizo: la FCC emitió una orden el 1 de agosto de 2008. Declaró que los métodos de gestión del ancho de banda por parte de Comcast

---

[24] Un programa *peer-to-peer* que permite el intercambio directo de información en cualquier formato entre computadoras interconectadas.

iban en contra de los principios federales establecidos por la FCC, al impedir de forma considerable que los consumidores se bajaran las aplicaciones que quisieran por Internet.

Cuando esta orden fue emitida, Comcast ya había modificado sus métodos de gestión del ancho de banda. La orden le exigía difundir cuáles eran estos nuevos métodos de gestión. Comcast cumplió, pero mientras tanto dejó un documento en los tribunales federales, con el cual pedía a la justicia que revisara la orden de la FCC, porque según ellos, la FCC no tenía competencia para regular el tráfico por Internet. Y Comcast ganó.

Recordemos que la FCC tiene la labor titánica de regular un medio como Internet, el cual no está contemplado en la Ley de Telecomunicaciones sancionada en 1996, y cada vez que trata de regularla lo hace a través del cajón de sastre que le brinda el Título I de dicha Ley. Pero ese cajón de sastre no es un "vale todo", y hay veces que los tribunales le recuerdan eso: "Che, FCC, no tenés poderes delegados por el Estado para regular de esta manera, y el Título I no te vale para esto. Seguí participando". En otras palabras, el Título I lo pueden usar, pero debe estar asociado a algún artículo o poder concebido en los otros cinco Títulos de la Ley de Telecomunicaciones de 1996. Por tanto, el asistente que labure en la FCC deberá rascar alguna excusa de la Ley, tendrá que ir línea por línea y decir: "Mmm, este artículo puede andar para asociarlo a lo que queremos regular en Internet". En este caso, algunas cosas que encontraron en la Ley de Telecomunicaciones y, según ellos, les daba la autoridad para sancionar a Comcast por lo que había hecho con BitTorrent eran del calibre de "reduce la rapidez y la eficiencia de los medios", "impide la competencia", "inhibe el avance tecnológico", "prohíbe el flujo transparente de información sobre las redes de telecomunicaciones", "genera barreras para la entrada de emprendedores", "degrada la capacidad de los individuos de acceder a diversos contenidos".

Y recordemos también el motivo por el cual el gobierno creó a la FCC en 1934: la ley daba el poder a la FCC para que todos los habitantes de los Estados Unidos tuvieran la posibilidad de acceder a un servicio de comunicación por radio y por cable que fuera rápido y eficiente, con instalaciones adecuadas a precios razonables, y con el fin de tener una sólida defensa y seguridad nacional.

A pesar de ello, la Cámara Federal de Apelaciones de Washington, D.C. llegó a la conclusión de que la FCC no tenía facultades para meter su nariz en la gestión del tráfico. Las cosas que rascaron de la ley eran, en su mayoría, meros principios declarativos que no tenían fuerza legal, y las restantes, si bien eran delegaciones de poder que la FCC podía utilizar, no eran delegaciones de poder que les permitiera regular el tráfico por Internet.

Como toda agencia gubernamental, la FCC necesita que el poder le sea delegado por el gobierno. Imaginen al gobierno como si fuera una familia. El padre (el gobierno) sólo va a tener unos poderes que le son dados por algo llamado Constitución. Si los poderes no están en esa Constitución, el padre no tendrá poderes para actuar. Por otro lado, imaginen a la madre de esa familia, que será el Congreso. Ella va a delegar en su hijo mayor alguno de los poderes que le da la Constitución vinculados a la regulación de las telecomunicaciones. En este caso, los delega a su hijo mayor, llamado FCC. A su vez, la FCC tiene hermanitos menores, que son aquellos seres regulados por la FCC. Si, de golpe, tu hermano mayor (la FCC) te dice a vos, hermano menor (compañía regulada por la FCC): "No podés pasar ese programa de televisión", vos, pobre e indefenso hermano menor, tenés ganas de pasar ese programa (o sea, seguir operando de la misma manera como lo venís haciendo como empresa), entonces le podés retrucar a tu hermano mayor, la FCC, y decirle: "¿Cuándo fue que mamá (el Congreso) te dijo eso (¿cuándo fue que el Congreso te permitió obrar de esa manera?")? Si mamá nunca lo dijo (es decir, si el Congreso nunca le dio esa autoridad a la FCC), entonces yo voy a poder seguir pasando el programa –podré laburar tal y como lo venía haciendo con mi empresa de telecomunicaciones.

Para simplificar el caso, el tribunal dio algunas pistas sobre qué debía hacer la FCC para emitir una orden que pudiera sobrevivir un análisis con lupa por parte del poder judicial. De hecho, le dijo expresamente que había un artículo en la ley que, según ellos, podía andar (el 706), pero el problema era que la FCC había dicho en una antigua resolución que ese artículo no otorgaba ninguna autoridad a la FCC para regular.

La FCC no se quedó con los brazos cruzados, porque consideraba y sigue considerando vital la neutralidad en Internet. Fue así que el 23 de diciembre de 2010, casi como si fuera Papá Noel, emitió una nueva orden titulada *In the Matter of Preserving the Open Internet Broadband Industry Practices*. Los pilares de esta nueva orden fueron:

> i) Transparencia: los proveedores de banda ancha deberán hacer pública toda la información referida a su gestión de la red y los términos comerciales para obtener su servicio (por ejemplo: datos sobre la cuota mensual, política de terminación del contrato, política de privacidad y protección de datos), de modo tal que los consumidores puedan tener una decisión formada sobre cómo el proveedor gestiona el contenido, las aplicaciones, los aparatos que utiliza, su mercado y sus ofertas. No obstante, se le permite al proveedor que no publique datos sensibles que puedan ser utilizados por sus competidores, ni datos que comprometan su sistema de seguridad. En especial, la FCC quiere que cada proveedor de banda ancha revele su política de gestión cuando la red está congestionada. A la vez deja en claro que si hay un barrio que está experimentando congestión en el tráfico de la red, el proveedor podrá limitar temporalmente el ancho de banda disponible para aquellos usuarios que estén utilizándolo de manera desproporcionada.

ii) No al bloqueo de contenido que sea legal (por tanto, da vía libre para que cada proveedor tenga una política activa de supresión de contenido ilegal que viola los derechos de autor, o material ilegal como la pornografía infantil, entre otros casos), y no al bloqueo de aplicaciones de otras compañías u aparatos que no sean dañinos para la compañía que provea Internet (acá se puede pensar, por ejemplo, en Verizon y su decisión de solicitar a Google que no incluyera una *app* que competía con un servicio suyo y que ofrecía por más dinero a sus clientes. La *app* permitía al consumidor usar el mismo servicio, pero gratis);

iii) Que no haya una discriminación irrazonable en la gestión del tráfico a través de la red, aunque en este último caso hay que destacar que hay una excepción para las compañías de telefonía móvil proveedoras de Internet, quienes quedaron inmunes de esta norma, con la excepción de aquellos datos de voz y video (en otras palabras, programas como Skype o páginas como YouTube tampoco pueden ser discriminados por los servicios de Internet ofrecidos por los operadores de telefonía móvil). Ciertos organismos criticaron con dureza esta distinción entre los proveedores que te dan Internet en tu casa y los que te ofrecen el servicio de Internet a través de tu celular. No comprenden por qué a estos últimos no les incumbe la regla de "no discrimines de manera irrazonable". Dado el impactante y veloz crecimiento de este tipo de proveedores, estos organismos temen que, al estar inmunes a esta regla, empresas como Verizon o AT&T te bloqueen alguna *app* de algún competidor –cosa que ha ocurrido, por ejemplo, con Verizon, tal cual lo comentamos en el párrafo (ii) anterior– o hagan que una página web funcione más lenta que otra. Como verán, el gran temor es que, de no existir esta normativa, ocurran casos como, por ejemplo, el siguiente: Comcast, proveedor de Internet, cable y de telefonía fija en Estados Unidos, tenga miedo de que Skype le quite un trozo importante de su negocio de telefonía y, consecuentemente, actúe de manera poco simpática e inhiba a sus usuarios el acceso a Skype o les impida bajar el programa a sus computadoras. El otro temor es que haya un blog que no siga la línea política de la empresa proveedora de banda ancha y, por arte de magia, el blog deje de ser accesible para los usuarios de Internet de esa compañía; iv)   Una gestión razonable de la red. Acá aclara que si el usuario decide poner filtros o bloquear contenidos ilegales, esa acción estará más que bendecida por la FCC.

De nuevo, la famosa palabrita "razonable". ¿Para quién? El grado de razonabilidad que hayan tenido personajes como el Che Guevara, Adolf Hitler, Juan Domingo Perón, George W. Bush, Lenin, Lula, Mao, Franco, Aznar, Zapatero, Menem, De la Rúa, López Obrador, Peña Nieto y demás personajes... no sé, me imagino que será diferente. Para Paco es razonable la 125. Para María, no. Para Peter es razonable que suban los impuestos de aquellos que tengan un patrimonio superior a un millón de dólares. Para John, eso es socialismo. Para Michael es razonable que haya un seguro médico para todos los habitantes de Estados Unidos. Para Caroline, que el Estado te dé salud es ser pariente de Stalin. Para Mariela es razonable que Cristina haya arrasado en las elecciones presidenciales de 2011. Para José, no. Para Mario es razonable que se legalice el aborto en Argentina. Para Catalina, no.

Sería más lógico tirar una moneda al aire. O quizás hacer un mega referéndum online, tipo al estilo Quién Querés Que Se Vaya de Nuestro Reality Show. Si "A", llamá al 0-800, o mandá un SMS o mail a <u>ayudanos-a-entender-qué-es-razonable@legislador-necesita-tu-ayuda-para-no-quedar-mal.com.ar</u>.

La nueva orden de la FCC se empeña en citar varias veces el fallo de la Cámara Federal de Apelaciones de Washington, D.C., como diciendo: "Me leí todo tu fallo y aprendí de mis errores y de tu poca simpatía a la anterior orden. Acá te muestro una nueva versión, que no creo que tenga los problemas de la anterior. No voy a bajar los brazos hasta que me la aceptes". Bueno, ahora el que está en estos momentos en tribunales es Verizon, otro operador de Internet y telefonía móvil. *Stay tuned*.

La batalla será larga, pero el resultado final será trascendental. Por poner un ejemplo, Comcast es el mayor proveedor de cable e Internet, y es dueña de NBC y Telemundo (dos canales de televisión abierta), y canales de cable como USA Networks, Sy-Fy, Oxygen, The Weather Channel y Bravo. La gran inquietud de los defensores de una Internet neutral es que, por ejemplo, Comcast priorice los contenidos de *streaming* de estos canales (como pueden ser la serie *The Office*, de NBC, o *Suits*, de USA Networks), por sobre los contenidos de *streaming* de, por ejemplo, los canales de televisión que son propiedad de Disney, como ABC (que tiene series como *Desperate Housewives* o *Grey's Anatomy*) o la cadena de deportes ESPN. Esta es otra de las preocupaciones.

Además, la competencia que brindan programas como Skype y Voip Stunt ha hecho bajar de manera dramática el costo de las llamadas telefónicas internacionales, y se teme que varios operadores de Internet (que tienen negocios en la industria de la telefonía móvil y fija) quieran bloquear el servicio de estas maravillosas empresas.

Otro miedo es que si el amo y señor del "caño tonto" que nos brinda Internet (Comcast, Verizon o Speedy en el caso de Argentina) decide hacer una Internet Premium (si vos, YouTube, me das un 1% de tus ganancias generadas por publicidad, yo hago que la información de tu página tenga acceso VIP y viaje más rápido) eso puede generar que la calidad del resto de las páginas se degrade y el consumidor –dueño de una página web que no tiene la guita para competir con YouTube– se vea afectado por tener un servicio más lento.

Sin duda, el objetivo es mejorar la vida y salud del consumidor. El camino es muy sinuoso, y los reguladores deben evitar girar por el camino equivocado. No hay que olvidar que el *lobby* de los operadores de Internet en el Congreso de los Estados Unidos es bastante agresivo. De hecho, varios senadores han intentado derogar la normativa impuesta por la FCC al querer sancionar una ley en el Congreso opuesta a la neutralidad en Internet. Hubo una enorme movilización por parte de los defensores de la neutralidad que logró juntar los votos suficientes para que la normativa impuesta por la FCC siguiera vigente, al menos hasta que la Cámara Federal de Apelaciones del Distrito de Columbia se exprese nuevamente sobre el tema.

Va de nuevo. Esta es la batalla de esta década. Muchos consideran a la neutralidad en Internet como una obviedad, algo sagrado, inmaculado, intocable. La realidad está muy alejada de esa percepción. Los aficionados de la neutralidad en Internet ganaron por escasos 6 votos en el Congreso. Esto recién empieza. De hecho, en el caso que ahora está en la justicia, *Verizon* afirma que no es un caño tonto, sino que tiene discreción editorial como un periódico. Aunque claro, cuando ocurren casos de difamación por Internet o violación a los derechos de propiedad intelectual, la canción que *Verizon* y otros proveedores cantan es que son, en verdad, caños tontos que no tocan el contenido que pasa por sus cañerías, y de ese modo evitan consecuencias legales catastróficas para ellos. No parece que el argumento goce de consistencia. Pero ya tuvieron una batalla en contra de la neutralidad en Internet, y la ganaron.

¿Y cómo será el tema con la violencia en los videojuegos? Qué buena pregunta, Watson. Vamos a ver.

Capítulo 19: Round 1: Fight! ¿Votás por Street Fighter o Mortal Kombat?

Videojuegos

- Ley de California: para comprar un videojuego de contenido violento, los menores de 18 años deben estar acompañados por alguno de sus padres.

  - Sigue el modelo del fallo Ginsberg (1968).

    - Se declara constitucional ley de Nueva York que prohibía la venta a menores de 17 años de material que era considerado obsceno para menores, a pesar de que pudiera no ser considerado obsceno para los adultos.
      - Sigue al test de Miller.
    - Pero se regula otro contenido: violencia vs. sexo.

Brown vs. Entertainment Merchant Association et al.

- Al igual que los libros, películas u obras de teatro, los videojuegos transmiten ideas y mensajes sociales y están amparados bajo la Primera Enmienda.
- Juicios de estética y moral sobre el arte y la literatura se deben dejar a juicio de cada persona.
- El contenido violento no forma parte de estas restricciones puntuales a la libertad de expresión. No existe tradición en los Estados Unidos que diga que el contenido violento puede ser restringido de la misma manera que el contenido obsceno.
- No piensan que los videojuegos presenten un problema especial por el grado de interactividad con el cual los jugadores participan en las acciones violentas contenidas en ellos.
  - La literatura transporta al lector a la historia, lo identifica con los personajes, lo invita a juzgarlos y hasta discutir con ellos, y puede tomar los sufrimientos o goces de los personajes como propios.
  - Todos los estudios dicen que los videojuegos y el actuar de manera más agresiva están correlacionados, pero no hay evidencia de que son la causa directa de dicha agresividad.

Fuerte crítica de la disidencia.

Sea en nuestra casa, la de un amigo o la de un pariente, algunos tuvimos la oportunidad de jugar a los videojuegos cuando éramos chicos. Uno antes iba a Sacoa, y de golpe, con la llegada de los señores Atari, Family Game, Nintendo, Sega y derivados nos encontramos con que no hacía falta salir de casa para jugar a los fichines.

Cuando yo era chico hacían furor juegos como *Mario Bros., Mario Kart, Super Soccer, Punch Out...* pero los que asombraban a uno eran juegos como *Street Fighter* o *Mortal Kombat*. En *Street* uno elegía personajes como Ryu o Ken, quienes tiraban una patada que largaba un sonido como Aj-tak-tak-bú-Ken –pero las instrucciones la llamaban la *Hurricane Kick*–, o largaban una bola de fuego llamada *Hadoken*, o una súper mega trompada que llevaba el nombre de *Shoryuken* y dormía a seres malvados como Bison, Sagat o Blanca. En el caso de *Mortal Kombat* uno sentía placer extremo cuando aparecía en pantalla el cartelito de *Finish Him!* y uno terminaba de liquidar a su rival moribundo.

Pasó el tiempo y los videojuegos se volvieron tan perfectos, tan reales, que asustan. Y el Estado de California, en ese entonces gobernado por el republicano Arnold "Terminator" Schwarzenegger, quiso poner un freno a que los menores de edad tuvieran libre acceso a estos videojuegos. Por tanto, Arnold pidió al Congreso de California que fabricaran una ley con la cual se prohibiera a los menores de 18 años comprar cualquier videojuego que tuviera cierto contenido violento, salvo que estuviera presente un padre, madre o tutor.

Obviamente, los legisladores se sentaron a ver cómo crear una ley sin que toda la industria de los jueguitos les cayera encima, porque de lo contrario, en la Máquina de Hacer Litigios (más conocida como Estados Unidos de Norteamérica) iban a pedir voltear la ley aduciendo que les estaban restringiendo la libertad de expresión.

Los legisladores de California encontraron maná del cielo en uno de los precedentes de la Corte Suprema, un caso que comentamos muy brevemente en uno de los capítulos anteriores: *Ginsberg vs New York*, de 1968 (ver «Hola: Mi nombre es Internet», Capítulo 16). Allí, la Corte dio luz verde a una ley estatal de Nueva York que prohibía la venta comercial a menores de 17 años de material que era considerado obsceno para menores, a pesar de que pudiera no ser considerado como tal para los adultos. La Corte se amparó en el bienestar de los queridos niños y en el reconocimiento de que el control parental a veces necesita una mano, una ayudita de terceros (en este caso, el Estado). Es curioso que sólo estuviera supervisada la venta comercial. En otras palabras, era delito vender una Playboy por 1 dólar a un menor sin el consentimiento de su padre, madre o tutor. Pero si uno la regalaba, entonces esta normativa que imponía penas criminales no era aplicable.

En *Ginsberg* se permitía que los padres compraran a sus hijos la revista o libro que éstos no hubieran podido comprar de haber estado solos (aunque parezca un tanto improbable que lo hicieran. No me imagino a un padre yendo a comprar una *Playboy* a su hijo o hija). En dicho caso, un dueño de un pequeño mercado de Nueva York vendía productos de todo tipo: alimentación, útiles, flores y, entre otras cosas, revistas. El dueño recibía unas 200 revistas de un distribuidor. Este último era quien elegía cuáles se vendían, y el dueño del local no tenía voz ni voto sobre las revistas que iban a ser vendidas en su negocio. Bueno, pasó que este señor le vendió revistas pasadas de tono a un chico de 16 años y fue condenado, aunque la pena de prisión quedó en suspenso.

Una vez detectado el precedente, los legisladores de California se arremangaron las camisas y buscaron calcar la ley de Nueva York, pero en vez de tratar sobre la venta de contenido dañino para los menores por tener cierto tono erótico, en este caso hablaron de la venta de videojuegos violentos. Entonces, lo primero que hicieron fue comparar ley estatal de Nueva York, que fue bendecida por la Corte Suprema, con el *test* de Miller.

Presentamos el *test* de Miller y la ley de Nueva York en el cuadro siguiente:

Test de Miller (1973)	Ley Penal de Nueva York (1968)
Estamos frente a algo calificado de obsceno:	Es ilegal que cualquier persona, de manera voluntaria y consciente, y a cambio de dinero, venda o preste a un menor lo siguiente: Cualquier foto, dibujo, escultura, película, o una representación visual similar o imagen de una persona o una porción de cuerpo humano que muestre desnudez, conductas sexuales, abuso sadomasoquista, y que sea dañino para los menores. (...) "Dañino para los menores" significa cualquier representación, en cualquier forma, de desnudez, conducta sexual, o abuso sadomasoquista, que:
1) Si una persona común y corriente, aplicando estándares contemporáneos de la comunidad en donde reside, encontraría que el material, tomado en su totalidad, atrae al interés lascivo; y	1) Atrae de manera predominante al interés lascivo, vergonzoso o morboso de los menores de edad, y
2) Si el trabajo describe o detalla, de una manera patente y ofensiva, una	2) Es patentemente ofensivo, según los estándares de la comunidad

conducta sexual específicamente definida por las leyes aplicables en el lugar del hecho; y	adulta, tomando el material en su totalidad, en relación con lo que se considera material adecuado para menores de edad; y
3) Si el trabajo, tomado en su totalidad, carece de un serio valor artístico, científico, literario o político.	3) No se rescata ninguna importancia social para los menores de edad.

Sin querer aburrirlos con traducciones de largas definiciones, sí quisiera decirles a aquellos que siguen pensando que estos estándares son de una vaguedad pasmosa, que la ley de Nueva York se preocupó por definir varias de las palabras del cuadro, como "voluntaria y consciente", "menor de edad", "desnudez", "conducta sexual", o "abuso sadomasoquista".

Para los que quieren divertirse un poco más, "desnudez" fue definida como "la exhibición de genitales masculinos o femeninos, área púbica o nalgas que tuvieran menos de una cobertura completamente opaca, o la exhibición de pechos femeninos con una cobertura por debajo de la punta del pezón que no sea completamente opaca, o la exhibición de genitales masculinos cubiertos de manera ostensiblemente túrgida. "Conducta sexual" significa actos de masturbación, homosexualidad, relaciones sexuales, contacto físico con los genitales de una persona (sea con o sin ropa), el área púbica, las nalgas o, si estuviéramos hablando de mujeres, sus pechos.

Y "abuso sadomasoquista", ehhh, ehhh... mejor se los dejo para su imaginación.

Recalculando el GPS, giramos a la derecha y volvemos al tema de los videojuegos. Tenemos entonces que la ley de Nueva York fue avalada por la Corte Suprema de los Estados Unidos en 1968. Recordemos fugazmente que hay una cosa de nombre muy peculiar llamada *Stare Decisis* (se pronuncia 'stare desaisis'), que más bien parece ser el nombre de una banda pop de los ochenta, y dice algo así: si existe un precedente establecido por la Corte Suprema, salvo que se caiga el mundo a pedazos o haya una novedad que claramente indique que la Corte Suprema estaba en aquel entonces equivocada, dicho precedente es sólido como una roca y no puede cambiarse.

Esta cosa fue la que hizo que Sandra Day O'Connor (ver su breve biografía en la nota al pie nro. 16) sea el quinto voto en *Planned Parenthood vs. Casey*, un caso decidido en 1992 en el cual todos pensaban que se iba a anular el célebre *Roe vs.* Wade (el fallo que avalaba el aborto en los Estados Unidos), pero que sin embargo decidió mantenerlo en gran parte, permitiendo que, con leves regulaciones, el aborto siga siendo legal en los Estados Unidos.

Fue así que el Congreso de California tomó semejante regalo de la Corte en 1968, ofrecido en el caso *Ginsberg*, lo abrió y trató de crear una ley espejo para los jueguitos plagados de violencia. A su vez, buscó jugar lo más seguro posible, y en vez de incluir sanciones penales como en el caso de *Ginsberg* (donde te pueden meter preso si violás la ley penal en cuestión), sólo impuso sanciones civiles —una multa máxima de mil (1.000) dólares por violación. De este modo, este Congreso creó una ley que vamos a comparar en sus partes centrales con los puntos destacados de la ley de Nueva York —prohibición de venta a menores de edad de material considerado dañino para éstos— y el *test* de Miller:

Ley de California	Ley Penal de New York	Test de Miller
Es ilegal que cualquier persona venda o alquile un videojuego que ha sido etiquetado como un videojuego violento a un menor. (...) Un videojuego violento significa un videojuego en el cual la gama de opciones disponibles para un jugador incluyen matar, descuartizar, mutilar o abusar sexualmente a un ser humano representado en el videojuego, siempre y cuando aquellos actos son descritos en el videojuego de una manera que:	Es ilegal que cualquier persona, de manera voluntaria y consciente, y a cambio de dinero, venda o preste a un menor lo siguiente: Cualquier foto, dibujo, escultura, película, o una representación visual similar o imagen de una persona o una porción de cuerpo humano que muestre desnudez, conductas sexuales, abuso sadomasoquista, y que sea dañino para los menores. (...) "Dañino para los menores" significa cualquier descripción o representación, en cualquier forma, de desnudez, conducta sexual, o abuso sadomasoquista, que:	Estamos frente a algo calificado de obsceno:
1) Una persona de buena fe, considerando al	1) Atrae de manera predominante al	1) Si una persona común y corriente, aplicando

videojuego en su totalidad, encontraría que atrae al interés morboso o aberrante de los menores de edad; y	interés lascivo, vergonzoso o morboso de los menores de edad, y	estándares contemporáneos de la comunidad en donde reside, encontraría que el material, tomado en su totalidad, atrae al interés lascivo; y
2) Es patentemente ofensivo, según los estándares prevalecientes en la comunidad, en relación con lo que se considera adecuado para los menores de edad; y	2) Es patentemente ofensivo, según los estándares de la comunidad adulta, tomando el material en su totalidad, en relación con lo que se considera material adecuado para menores de edad; y	2) Si el trabajo describe o detalla, de una manera patente y ofensiva, una conducta sexual específicamente definida por las leyes aplicables en el lugar del hecho; y
3) El videojuego, tomado en su totalidad, carece de un serio valor literario, artístico, político o científico para los menores de edad.	3) No se rescata ninguna importancia social para los menores de edad.	3) Si el trabajo, tomado en su totalidad, carece de un serio valor artístico, científico, literario o político.

Al igual que en la ley de Nueva York, los legisladores de California no quisieron dejar un atisbo de duda sobre cada palabrita de la ley, y definieron por separado palabras como "menor de edad", "persona", "videojuego". Pensaron que no iban a ser demandados... ¡las tarlipes que no! Sí que lo hicieron, y el caso llegó a la Corte Suprema en 2011. Uno se pregunta por qué en vez de crear un test tan complejo no hubiera sido más sencillo –y menos combativo judicialmente– decir que todos los videojuegos catalogados por la propia industria de los videojuegos como "M" (sólo apto para mayores de 17 años) no podían ser comprados por menores de 17 sin la presencia de uno de sus padres o tutores. Sin embargo, California creó una nueva carga adicional para la industria: con esta normativa les pidió a ellos que, además del etiquetado que era aplicable a nivel global para todos los videojuegos, en el caso de entrar dentro de los parámetros de esta nueva normativa estatal –una suerte de Test de Miller para los videojuegos de contenido violento– también iban a tener que agregar a cada juego distribuido o importado a California otra etiqueta que tuviera el número "18" (de color blanco, con sombreado negro, y que al menos tuviera una medida de 5 cm. X 5 cm.). En fin, los misterios de la regulación...

El voto por la mayoría lo redactó Antonin Gregory Scalia (ver su breve biografía en la nota al pie nro. 12) y cuatro jueces más – Kennedy, Sotomayor, Kagan y Ginsburg– se sumaron a su equipo. El juez Alito estuvo del lado del equipo de Scalia, pero por diferentes motivos, por lo cual redactó su propio voto, que tuvo la adhesión del juez Roberts.

Por el lado de la disidencia, el juez Thomas nos dio sus bizarrísimos motivos –que ya analizaremos– por los cuales estuvo en desacuerdo con la mayoría, y el juez Breyer también estuvo en contra de la mayoría, pero tenía ganas de laburar y también redactó su propio voto. En resumen, el match terminó Mayoría 7 vs Minoría 2.

El caso, cuyo título pasará a ser conocido como si fuera una de las canciones más trascendentales y eclécticas de una banda, se llamó *Brown* (por el actual gobernador de California, el demócrata Jerry Brown) *v. Entertainment Merchants Association et al*. En el fallo se destacan algunos de los videojuegos que preocupaban al gobierno californiano:

1) Juego en el cual uno puede tomar las identidades de Eric Harris y Dylan Klebold, dos chicos que el martes 20 de abril de 1999 se despertaron con el pie izquierdo y mataron a quemarropa a doce estudiantes e hirieron a otros veintitrés en *Columbine High School,* para después quitarse sus vidas. El cineasta y activista político Michael Moore ganó un Oscar en 2003 por el logrado documental titulado *Bowling for Columbine,* una obra basada en la masacre. El mismo tipo de juego se creó para replicar la matanza ocurrida el 16 de abril de 2007 en Virginia, en donde uno puede convertirse en Seung-Hui Cho, quien se cargó al voleo a 32 personas e hirió a otras 25.

2) Un juego en el cual uno sale victorioso si logra violar a una madre y su hija;

3) Otro juego cuya finalidad es lograr una limpieza étnica, en donde el jugador debe matar a latinoamericanos, afroamericanos o judíos.

4) Un intento de recrear el asesinato de John F. Kennedy, ocurrido el 22 de noviembre de 1963, en Dallas, mientras ejercía la presidencia de los Estados Unidos.

5) Objetivo de otro juego: disparar a un policía en la rodilla, rosearlo con gasolina, prenderle fuego, orinar sobre su cuerpo, y finalmente ajusticiarlo con un balazo en la cabeza.

Vale la pena recordarlo de nuevo. La Corte Suprema ya había avalado un artículo de la ley de Nueva York en el cual se prohibía a los menores de edad comprar solitos revistas del estilo Playboy y Penthouse, que tenían un contenido sexual inapropiado para un menor, pero no para un adulto.

Dicho esto, pasamos a ver qué es lo que dijo la mayoría de esta Corte Suprema de 2011, al mando del Comandante Scalia:

- Los videojuegos están amparados bajo la Primera Enmienda (se "expresan", "hablan"). Al igual que los libros, películas u obras de teatro, los videojuegos transmiten ideas (y hasta mensajes sociales) a través de sus personajes, diálogos, música y trama, como así también por la interactividad que presentan con el mundo virtual.

- Bajo la Constitución de los Estados Unidos, los juicios de estética y moral sobre el arte y la literatura se deben dejar a juicio de cada persona. El gobierno no debe meterse en este tipo de juicios, incluso si la mayoría de los habitantes está de acuerdo con ellos.

- La Primera Enmienda ha permitido restricciones a la expresión muy puntuales a lo largo de la historia, en áreas muy delineadas, como por ejemplo, la obscenidad. La prevención y el castigo a ese tipo de expresiones nunca suscitó ningún problema constitucional.

- El contenido violento no forma parte de estas restricciones puntuales a la libertad de expresión. No existe tradición en los Estados Unidos que diga que el contenido violento puede ser restringido de la misma manera que el contenido obsceno.

- En *Ginsberg* el caso trataba sobre una prohibición de venta de material con contenido sexual a menores que sería obsceno para ellos, pero que podría ser contenido indecente para un adulto –una revista Playboy, Penthouse o Hustler, por ejemplo. En el caso que analizamos hoy nos enfrentamos a algo completamente diferente: no se ajusta a los límites de alguna categoría de expresión existente que no esté protegida por la Primera Enmienda, como es el caso de la obscenidad. No hay duda de que el Estado de California posee un poder legítimo para proteger a los menores de edad de contenidos dañinos, pero eso no incluye un poder flotante que restrinja ideas a las cuales los menores de edad estén expuestos. El Estado de California tendría un caso a su favor si hubiera en los Estados Unidos una larga tradición de restringir a menores de edad el acceso a materiales que muestren contenidos violentos, pero no la hay. De hecho, hay libros que le damos a los menores de edad que contienen mucha violencia. Por ejemplo, en Hansel y Gretel (ambos niños) matan a su captor al hornearlo.

- No creemos que los videojuegos presenten un problema especial por el grado de interactividad con el cual los jugadores participan en las acciones violentas contenidas en los videojuegos. Esto no tiene nada de nuevo: en 1969, con Elige Tu Propia Aventura[25], los jóvenes lectores podían elegir por qué camino seguir la historia del libro. La literatura, cuando es exitosa, transporta al lector a la historia, lo identifica con los personajes, lo invita a juzgarlos y hasta discutir con ellos, y el lector puede tomar los sufrimientos o goces de los personajes como propios. Por más que los videojuegos nos parezcan desagradables, el desagrado no es una base válida para restringir al derecho a la libertad de expresión[26].

- El gobierno del Estado de California no pudo mostrar una conexión directa entre los videojuegos violentos y el daño a los menores de edad. Todos los estudios presentados como evidencia —cuyos títulos pueden ver en la bibliografía de este libro— no prueban que los videojuegos violentos son la causa directa de que los menores de edad actúen agresivamente. Dicen que los videojuegos y el actuar de manera más agresiva están correlacionados, pero, como dijimos, no hay evidencia de que sean la causa directa de dicha

---

[25] Algo que tomaron prestado de Rayuela, del enormísimo cronopio Julio Cortázar.

[26] Curioso, porque para Scalia, en uno de los casos que vimos y votó en disidencia (*Ashcroft v. ACLU*, ver «Internet Reloaded!», Capítulo 17), la pornografía puede ser completamente prohibida por el Estado.

agresividad, y muchos estudios fallan en la metodología. Además, según algunos estudios, estas correlaciones también se dan con dibujitos animados, como por ejemplo, en el Correcaminos y Bugs Bunny. De ser así, no tiene sentido apuntar sólo a los videojuegos y dejar de lado a películas, dibujitos o vendedores de libros que muestren contenido violento para menores de edad (este punto es peculiar por lo siguiente: aquí, en este caso, la Corte dice que no hay evidencia de que los videojuegos sean la causa directa de dicha agresividad, mientras que en *Ginsberg* la Corte dijo lo siguiente sobre los estudios que acreditaban que las revistas pornográficas eran dañinas para los menores: "Mientras que todos estos estudios están de acuerdo en que no ha sido demostrada una causa directa dañina a los menores de edad, también están de acuerdo en que la causa directa no ha sido desaprobada. La Corte no le solicita a los legisladores un criterio científicamente cierto para legislar sobre un tema. Por tanto, no podemos decir que la definición de obscenidad para menores impuesta por el Congreso estatal de Nueva York carece de un vínculo racional con la protección a los menores de edad").

- Si el hecho es tan preocupante, entonces la solución de que los menores de edad puedan comprar los videojuegos violentos si están acompañados de sus padres o tutores es insuficiente. En conclusión, no tiene sentido esa alternativa (*pero es la que usaron en Ginsberg, ¿no?*).

- La industria de los videojuegos tiene en vigor un rating voluntario designado para informar a los consumidores sobre el contenido de los juegos: "EC" significa *Early Childhood* —apropiado para mayores de 3 años—, "E" significa *Everybody* —Todos, apropiado para niños mayores de 6 años—, "E10+" significa *Everyone 10 and older* —sólo apto para mayores de 10 años—, "T" significa *Teens* —sólo apto para mayores de 13 años—,

"*M*" significa *17 and older* —sólo apto para mayores de 17—, y "*AO*" significa *adults only* —sólo apto para mayores de 18 años.

Este sistema es suficiente para asegurar que los menores de edad no puedan comprar videojuegos violentos, ya que los padres que se preocupan sobre el asunto pueden evaluar si el juego es apropiado o no para sus hijos con estas categorías presentadas de manera voluntaria por la industria de los videojuegos[27].

- No es asunto nuestro juzgar el punto de vista de la Cámara Legislativa de California sobre si la violencia en los videojuegos (o, si algo importa, cualquier otra forma de expresión) corrompen a la juventud o dañan su desarrollo moral[28].

Como habíamos dicho, además de los cuatro que bancaron el voto de Scalia, hubo otros dos (los jueces Samuel Alito y John Glover Roberts Jr.) a los que les simpatizó lo que quisieron hacer los legisladores de California, pero consideraron que les faltó cinco para el peso. Samuel Alito fue quien redactó el voto[29].

---

[27] A los padres que están leyendo, ¿cuántos dan bola o conocen la existencia de estos ratings? ¿Cuántos dan bola a los ratings de las películas? ¿No es esto un fracaso como el V-Chip? ¿Quieren los padres una ayudita del Estado para supervisar de manera más eficiente a sus hijos? ¿O prefieren ocuparse ellos y con el rating voluntario ya les parece suficiente ayuda?

[28] Ahora, ¿no usaron esta excusa (léase, el desarrollo moral de la juventud, el bienestar de los niños) para resolver casos como *Pacifica* (ver «Las 7 malas palabras de la discordia», Capítulo 4), *Sable* (ver «0-800-Sabrina in Love», Capítulo 9), *Playboy* (ver «El imperio Playboy», Capítulo 10), *Ginsberg* (ver «Hola: Mi nombre es Internet», Capítulo 16)?

[29] Este tipo fue elegido por el *Cowboy* de Texas, George W. Bush, en 2006. Al igual que Scalia, viene de Nueva Jersey y la sangre tana corre por sus venas. Quiere tanto a nuestros hermanos italianos que en 1971, antes de ir a Yale Law School, se fue a pasear por las calles de Roma y de Bologna e hizo una

Alito nos quiso dejar una posición tibia de "me parece que esto no me cierra, pero no logro encontrar un argumento que me termine convenciendo para ir del 'Lado Oscuro' de la disidencia". Según él, la ley de California es distinta a la ley de Nueva York. En esta última uno puede determinar de manera más contundente qué es obsceno para un menor de edad (algo que podría ser una mera indecencia para un adulto), y por tanto cada ciudadano tiene un claro anuncio sobre qué es y qué no es obsceno y sabe si cumple o incumple la ley. Él piensa que eso no está presente en la ley de California: "Me estás hablando de algo muy vago, que va a desconcertar al ciudadano, que no va a tener la más pálida idea si el contenido violento está o no dentro de los parámetros de la prohibición de venta. De alguna manera tenés que reducirme esa vaguedad de decir "que sea patentemente ofensivo" aclarándome cómo llego a calificar algo de esa manera, definiendo de forma más concreta qué videojuegos entran en el mambo. Confiás demasiado en los "estándares prevalecientes en la comunidad" y me deberías haber dicho, vos, California, qué tipo y grado de violencia entra en el baile de la restricción". Quizás Alito se hubiera sentido mucho más cómodo si la legislatura de California simplemente indicaba que los videojuegos etiquetados como "M" –una categoría del sistema ya en vigor, calificado por la propia industria de los videojuegos– no podían ser vendidos a un menor de edad sin la presencia de un padre o tutor.

Alito quiso dejar muy claro, casi diciéndolo con un megáfono, que él no quiere que este fallo se lea como un cheque en blanco a favor de la industria de los videojuegos, ni tampoco que otra regulación fuese posible en el futuro. No. Es más, indica que la manera en la cual California encaró el tema –que un menor de edad sólo pueda comprar videojuegos violentos acompañado de uno de sus padres o tutor– era correcta, y se apoyaba en la

---

tesis sobre el sistema judicial italiano. Tuvo un paso previo por la Tercera Cámara Federal de Apelaciones.

ley de Nueva York que contamos en *Ginsberg*, en particular porque hay estudios que indican que un 69% de menores de edad no acompañados por un mayor de edad pudieron comprar videojuegos categorizados con "M" –que son sólo aptos para mayores de 17 años–, lo que indica la inutilidad del sistema voluntario de ratings en los videojuegos. Sin embargo, como dijimos anteriormente, Alito teme que, tal cual está redactada, la normativa sea muy vaga y no dictamine con claridad qué contenido queda incluido bajo su paraguas.

En especial, dio con un caño a Scalia en un punto: Alito no concibe que un videojuego sea tan interactivo como Elige Tu Propia Aventura, ni que cualquier libro o película tenga el mismo grado de interactividad que un videojuego. La *International Game Developers Association* (Asociación Internacional de Desarrolladores de Videojuegos), una entidad que está a favor del desarrollo de la industria de los jueguitos, destacó que los videojuegos son años luz más interactivos que los libros. Sólo un lector extremadamente imaginativo que lee la descripción de un asesinato en un libro experimentará dicho evento de manera tan gráfica como lo hace un jugador cuyo rol en el videojuego es asesinar a alguien. Alito no se quiso quedar atrás con los ejemplos, y dijo: "Piensen en una persona que lee Crimen y Castigo, de Dostoievski. Piensen en la parte en la que Raskolinov mata al viejo de la casa de empeños con un hacha. Comparen a este lector con un jugador de un videojuego que crea un avatar que se parezca a él, que ve una imagen muy realista en alta definición y en tres dimensiones de la escena del crimen y su víctima, que es forzado a decidir si mata o no mata a su víctima, y decide hacerlo; entonces el jugador toma el control, que tiene una forma de hacha, lo levanta sobre la cabeza de la víctima y con toda la fuerza le corta la cabeza, mientras escucha el ruido del hacha tras golpear la cabeza y ve los charcos de sangre y el cráneo partido en dos, y siente la sensación de la sangre en su cara y manos al estar en tres dimensiones (3D). Para la mayoría de la gente, las dos experiencias no son lo mismo". Debe ser duro para un juez escribir esto, pero aún así estar del lado que favorece a los videojuegos de este tipo, ¿no?

Y llegó la hora de hablar del juez al cual todos los padres van a vanagloriar y lo van a poner en un altar, o al menos recordarlo cada vez que uno de sus hijos haga una revolución y le falte el respeto o se convierta en un indignado que haga una huelga al estilo Mafalda de "No a la sopa", o negarse a darle un beso a la Tía Paquita, con ese rouge venenoso, o se niegue a ir al colegio, o a misa, o lavarse los dientes. Todo esto será gracias al juez Clarence Thomas[30]. Este jurista tiene una manera sumamente particular de analizar la ley, y eso lo vamos a comprobar en las próximas líneas. Él interpreta a la Constitución de los Estados Unidos de manera textual, según la época en la cual se redactó. O sea, cuando llegó este caso a la Corte, lo que hizo fue desempolvar los libros de cómo se trataba a los menores de edad en la época en que se redactó la Constitución. Concluyó que la ley de California de hoy debía sostenerse como constitucional, no por encontrar a los videojuegos violentos o repugnantes, sino porque, según él, cuando se redactó la Primera Enmienda nunca se pensó en la libertad de expresión de los menores de edad. Por tanto, los menores carecen de este derecho. Por tanto, la industria de los videojuegos no puede usar el arma de la Primera Enmienda. Por tanto, pasemos a otro tema y dejemos a los legisladores de California en paz con esta ley, que para mí, Clarence Thomas, está bien hecha. ¿Piensan que exagero, que no es tan así la cosa? Ahí van algunas perlas de su voto:

---

[30] Viene de Georgia, cuna de R.E.M (el grupo que estaba liderado por Michael Stipe) y sede central de CNN. Fue elegido juez de la Corte Suprema por George H. W. Bush (el Bush viejo) en 1991, cuando Clarence tenía 43 pirulos. Es el segundo afroamericano en llegar a la Corte Suprema de los Estados Unidos y se graduó en Yale.

- "Cuando interpretamos una cláusula constitucional la meta es discernir el entendimiento de aquella cláusula en el tiempo en el cual fue adoptada[31]. Puesto que la Constitución es un instrumento escrito, su significado no se altera. Lo que significaba cuando se adoptó es exactamente lo que significa ahora"[32].
- "La evidencia histórica demuestra que la generación fundacional de este país creía que los padres tenían una autoridad absoluta sobre los hijos menores de edad y esperaba que los padres utilizaran dicha autoridad para el desarrollo apropiado de sus hijos"[33].
- "En la Nueva Inglaterra colonial, la tradición de los Puritanos indicaba que los padres mandaban con una autoridad absoluta. Ellos creían que los niños eran pecadores de manera innata y la labor primordial de los padres era eliminar esa perversión natural que habitaba en ellos".
- "Con Locke y Rousseau vino un nuevo concepto sobre la niñez. Los niños eran observados como criaturas maleables, y la niñez pasó a ser vista como una importante etapa de crecimiento, desarrollo y preparación para la vida adulta".

---

[31] Es decir, en el tiempo en el que había esclavos, la mujer era considerada un ser inferior, no había tele, fax, radio, Internet, autos.

[32] Sigo sin entender. ¿Quiere decir que la segregación racial, que en esa época era de lo más normal, entonces debe mantenerse perennemente, *forever slave, I want to be forever slave*, con música de fondo de *Alphaville* cantando *Forever Young*?

[33] Para la próxima ley que haya que estudiar, por favor analizar lo que pensaban al respecto José de San Martín, Manuel Belgrano, Juan Manuel de Rosas, Mariano Moreno, Bernardino Rivadavia, Justo José Urquiza y algunos otros como el Almirante William Brown.

- "Según John Adams (el segundo presidente de los Estados Unidos, después de George Washington), los niños carecían de razón y no tenían capacidad de decisión"[34].
- "Thomas Jefferson (tercer presidente de los Estados Unidos) escribía a sus hijas constantemente y les daba instrucciones específicas sobre qué debían hacer los niños, como así también pedía ser informado sobre qué libros leían y qué canciones aprendían"[35].
- "En *The Girl's Reading Book* (el Libro de la Mujer), de L. Sigourney, se enseñaba que además de la obediencia a Dios, existía la obediencia a los padres, incluso si los niños no entendían la razón de sus pedidos"[36].
- "En un caso atrás del otro los tribunales dejaron perfectamente claro que los padres tenían el derecho a los servicios y trabajos de sus hijos hasta que cumplieran la mayoría de edad" (al estilo de alcanzame mi leche, haceme la cama, lavame la ropa, arreglá la montura del caballo, abanicame que hace calor, traé agua del aljibe, haceme masajes, no leas esa porquería hereje).
- "Estos y muchos casos más demuestran que la generación fundacional de este país creía que los padres tenían total autoridad sobre sus hijos menores de edad. Ergo, los padres fundacionales de este país no

---

[34] Nota de un juez de un juzgado de familia: "Cuando me llegue un caso de custodia, ver qué hacían Juan Manuel de Rosas o el Almirante Brown con sus críos".

[35] Nota: ver qué cartas escribía Julio Argentino a sus 5 hijas o su único varoncito.

[36] "Lo hacés porque yo lo digo", ¿cuántos padres adorarían que esa frasecita funcionara de verdad?

> podrían haber entendido que los hijos también tenían la libertad de expresión protegida por la Primera Enmienda; antes hay que pasar por sus padres o tutores. Por ende, esta ley de California, que está pidiendo el consentimiento de los padres para comprar videojuegos violentos, es de lo más racional. No limita ninguna libertad de expresión de los menores de edad porque éstos carecen de este derecho, según el significado original de la Primera Enmienda que hemos analizado. La noción de que los padres tienen autoridad sobre sus hijos menores de edad persiste hoy día, y es así que nos parece adecuado defender el significado original de la Primera Enmienda establecida por nuestros padres fundadores".

Este peculiar análisis de las leyes por parte de Thomas suele ser dejado de lado por él cuando hay temas candentes como la discriminación racial. Aclara que el entendimiento original de una cláusula constitucional, a veces, no cuadra con las posturas modernas, lo que demuestra la falencia de su insólito método, que no tengo dudas, ha dejado eufórico a los padres con hijos revueltos, casi hasta nostálgicos, como cuando uno escucha música electrónica y cambia el dial de la radio y se topa con *The Dark Side of the Moon*, de Pink Floyd, y dice: "Ahhh, eso era música". Ahora, cuando tu hijo no te haga caso le podés decir: "¿Sabés lo que decía Jefferson sobre lo que tenían que hacer los hijos? ¿Sabés lo que decían los jueces sobre cómo debían comportarse los hijos?". Bueno, quizás podés decir una mentira piadosa y cambiar Jefferson o John Adams por alguno de tus próceres. O capaz es mejor seguir con la historia de que si no comés el brócoli no viene Papá Noel, o si no decís "gracias", "por favor", o no sos generoso te va a salir un sapo en la barriga y esas historietas.

Y queda un voto más del Lado Oscuro de la disidencia, el del juez Breyer (ver su breve biografía en la nota al pie nro. 23). Y con él podemos ver de manera patente cómo los jueces pueden jugar con los precedentes y armar en base a ellos un voto adaptado a sus creencias. Por ejemplo, mientras Scalia tiraba que "el gobierno no debe meterse en ese tipo de juicios de valor sobre qué es degradante, incluso si la mayoría de los habitantes está de acuerdo con ellos", Breyer sacó de la biblioteca de los recuerdos otro fallo que decía: "El poder del Estado de controlar la conducta de los menores de edad va más allá del poder para controlar a los adultos". Acá va otro aperitivo: "Las regulaciones dirigidas a los menores de edad en relación con los medios de comunicación y la Primera Enmienda pueden ser diferentes a los requisitos que deben cumplirse con los adultos".

A su vez, él dice que ve la misma cosa con otro enfoque (la típica: cuando River jugó contra Belgrano y descendió al Nacional B, casi todos dijimos: "River se fue a la B"; poquísimos dijeron: "Ascendió Belgrano tras empatarle a River en el Monumental". Ver dos cosas desde una perspectiva diferente).

Por eso, para Breyer la Corte pifia: "No es que tenemos que centrarnos en la categoría de "representación de hechos violentos", sino más bien que debemos centrarnos en la categoría "protección a los menores de edad". La mayoría habla de que no es tradición limitar toda expresión referida a contenidos violentos, pero se olvida de que en todos los fallos que ya analizamos en las anteriores páginas el eje central era la salud y el bienestar de los menores de edad. ¿Por qué entonces tratarlo de manera distinta? ¿Por qué las palabras "matar", "descuartizar", "mutilar" de la ley de California son más difíciles de entender que la "desnudez" descrita en la ley de Nueva York?".

Breyer tira la toalla en cierto punto, y dice que tanto el *test* de Miller como el caso *Ginsberg* no gozan de una perfecta claridad, y siempre fue un auténtico quilombo, una complicación Kafkiana el tratar de encontrar palabras capaces de proteger a la libertad de expresión que no priven al Estado de un poder constitucional legítimo para regular. Y trajo a colación que lo mejor era el método del juez Stewart: "Voy a saber si algo es o no es obsceno una vez que lo vea" (ver «¿Soy obsceno o indecente?», Capítulo 5).

Más adelante, Breyer siente congoja porque su camarada Alito fue un tibio. Recuerda el punto neurálgico que hizo que Alito se sumara al otro bando: que el estándar en Miller funciona porque hay ciertas normas generales aceptadas que se refieren al sexo, mientras que no podemos decir lo mismo sobre la violencia en los videojuegos. Para Breyer no es así, y la Corte decidió el célebre caso del *test* de Miller de ese modo (o sea, hablando de normas generales aceptadas por la comunidad) justamente por la dificultad de articular "normas de aceptación" sobre el sexo.

Luego Breyer dio una batería de ejemplos sobre contenidos violentos y contenidos sexuales en varias obras literarias, y cerró diciendo que la medida –que los menores de edad sólo pueden comprar videojuegos violentos acompañados por un padre, madre o tutor– era la menos restrictiva y la más efectiva, algo elemental a la hora de bendecir una regulación basada en su contenido (en este caso, la violencia); opinaba que lo único que hacía esta ley era refrendar el sistema de ratings voluntario que la industria ya tenía en vigor (pero la verdad es que no es una refrenda. Más bien emplearon un test muy similar al de *Miller*, algo que muta acorde al estándar de cada comunidad).

También quiso presentar un arsenal de estudios científicos (detallados en la bibliografía de este libro) donde se demuestra que el grado de interactividad de los videojuegos y su contenido violento sí hace que los niños se comporten de manera más violenta. En relación con el grado de interactividad, además de estar de acuerdo con lo dicho por Alito, pone como ejemplo que el ejército estadounidense utiliza a los videojuegos como modo de entrenamiento. Y siguiendo la línea de Alito, cita varios estudios en los cuales se concluye que el potencial daño psicológico no proviene de mirar, sino más bien de actuar en esos hechos de violencia presentados en los videojuegos.

Mientras Breyer pasea por varios estudios científicos, él quiere dejar en claro una cosa: obviamente habrá discrepancias entre los expertos y científicos sobre las conclusiones de sus estudios (que el cambio climático es culpa en gran parte por el hombre vs. que no, que es un hecho natural y la actividad del hombre no es la que genera un impacto dañino al medioambiente; que los videojuegos violentos causan más violencia vs. que nada que ver, que es tan inofensivo como ver al Correcaminos; que tomar una copa de vino por día hace bien vs. que no hace nada bien). En el campo de la conducta humana, muchos van a tener su punto de vista luego de hacer sus estudios. Por eso dice que los jueces no tienen la maestría en ciencias sociales para decidir quién es el que está en lo cierto.

Sin embargo, Breyer dice que hay varias asociaciones de profesionales dedicadas a estos temas que sí poseen la experiencia y conocimientos necesarios y destacan que los videojuegos violentos son más riesgosos que los medios más tradicionales de comunicación y pueden ser más dañinos para los niños. Por ejemplo, dice que en 1999 la Academia Estadounidense de Pediatras (*American Academy of Pediatrics*), la Academia de Psiquiatría para Niños y Adolescentes (*American Academy of Child & Adolescent Psychiatry*), la Asociación Estadounidense de Psicólogos (*American Psychological Association*), la Asociación Americana de Médicos (*American Medical Association*), y la Asociación Americana de Psiquiatras (*American Psychiatric Association*) sacaron una solicitada conjunta en la cual decían que más de 1.000 estudios apuntaban a una conexión causal entre la violencia en los medios de telecomunicaciones y la agresividad de los chicos, y que el impacto de la violencia interactiva de los videojuegos puede ser significativamente mayor que la música, la televisión o las películas. En 2005, la Asociación Estadounidense de Psicólogos agregó que los videojuegos interactivos incrementan la furia, la conducta y los pensamientos agresivos, mientras que, con la misma moneda, disminuye los comportamientos serviciales.

Tampoco le simpatizó que la mayoría lo deje todo en manos del sistema voluntario de rating creado por la industria de los videojuegos. Estudios presentados por la *Federal Trade Commission* (la Comisión Federal de Comercio), indican que a pesar de ese rating voluntario, casi el 70% de los menores de 17 años compran sin supervisión de un adulto juegos con un rating "M" (sólo apto para mayores de 17 años). La industria de los videojuegos considera que se puede utilizar un software que permite bloquear los videojuegos considerados poco apropiados según los padres, pero Breyer dice que en YouTube hay millones de videos que enseñan a eludir estos bloqueos. En especial, cita uno con el título "*How to bypass parental controls on the Xbox360* (Cómo eludir los controles parentales en la Xbox360)", que fue visto más de 47.000 veces.

Como cereza del postre, Breyer vuelve a decir que no entiende cómo la mayoría de la Corte distingue este caso de *Ginsberg*. No entiende cómo en un caso le prohíben a un niño de 13 años comprar una revista tipo Playboy, con la imagen de una señorita como Eva en el Paraíso, mostrando su desnudez, mientras que en el otro caso se permite que ese mismo chico compre un videojuego interactivo para la Wii, la Xbox o cualquiera de las nuevas consolas, en donde este adolescente puede atar y amordazar a una chica, para luego torturarla y matarla. Pero si esa chica a la que está torturando se le ve un pezón, entonces sí que se le puede prohibir la venta del videojuego. No le parece razonable. Considera que una violencia extrema que no tenga una justificación literaria, artística o similar es tanto o más dañina para un menor de edad que una foto de Pamela Anderson como Dios la trajo al mundo (y siliconas, muchas siliconas).

Y si llegaste acá quiere decir que tuviste el coraje de haberte devorado este libro. Ha sido un placer compartir esta fascinante aventura. Espero que te haya divertido leer estas páginas y no hayas sentido que perdiste tu tiempo. No tengas dudas que en este momento único en el mundo de las telecomunicaciones vamos a seguir viendo otras aventuras. Espero que nos sigan dejando hablar.

Bibliografía

Sentencias judiciales

1) Red Lion Broadcasting Co. v. FCC, 395 U.S. 367 (1969).

2) Miami Herald Publishing Co., Division of Knight Newspapers, Inc. v. Tornillo, 418 U.S. 241 (1974).

3) Associated Press et al. v. United States, 326 U.S. 1 (1945).

4) Syracuse Peace Council v. FCC, 867 F.2d 654, U. S. Court of Appeals, District of Columbia Circuit (1995).

5) Miller v. California, 413 U.S. 15 (1973).

6) Omega Satellite Products Co. v. Indianapolis, 694 F.2d 119, 126, U.S. Court of Appeals, 7th Circuit (1982).

7) United States v. Various Articles of Obscene Merchandise, 709 F.2d 132, U.S. Court of Appeals, 2nd Circuit (1983).

8) FCC v. Pacifica Foundation, 438 U.S. 726 (1978).

9) Ginsberg v. New York, 390 U.S. 629 (1968).

10) Jacobellis v. Ohio, 378 U.S. 184 (1964).

11) Action for Children's Television v. FCC, 58 F. 3d 654, U. S. Court of Appeals, District of Columbia Circuit (1995).

12) FCC v. Fox Television Stations, Inc., 129 S. ct. 1800 (2009).

13) CBS Corporation v. FCC, No. 06–3575, U.S. Court of Appeals, 3rd Circuit (2011).

14) FCC v. Sable Communications of California, 492 U.S. 115 (1989).

15) Cruz v. Ferre, 755 F. 2d 1415, U.S. Court of Appeals, 11th Circuit (1985).

16) United States v. Playboy Entertainment Group, 529 U.S. 803 (2000).

17) Turner Broadcasting System, Inc. v. FCC, 512 US 622 (1994).

18) Time Warner v. FCC, 93 F. 3d 957, U. S. Court of Appeals, District of Columbia Circuit (1996).

19) Time Warner v. FCC, 105 F. 3d 723, U. S. Court of Appeals, District of Columbia Circuit (1997).

20) Community Communications Co. v. City of Boulder, Colorado, 660 F. 2d 1370, U.S. Court of Appeals, 10th Circuit (1981).

21) Central Telecommunications, Inc. v. TCI Cablevision, Inc., 800 F.2d 711, U.S. Court of Appeals, 8th Circuit (1986).

22) Preferred Communications v. City of Los Angeles, 13 F. 3d 1327, U.S. Court of Appeals, 9th Circuit (1994).

23) Ward v. Rock Against Racism, 491, U. S. 781, 794 (1989).

24) Reno v. American Civil Liberties Union (96-511) 521 U.S. 844 (1997).

25) Ashcroft v. American Civil Liberties Union 542 U.S. 656 (2004).

26) Prometheus Radio Project v. FCC, 373 F. 3d 372, U. S. Court of Appeals, 3rd Circuit (2004).

27) Prometheus Radio Project v. FCC, No. 08-3078, U. S. Court of Appeals, 3rd Circuit (2011).

28) Comcast v. FCC, 579 F. 3d 1, U. S. Court of Appeals, District of Columbia Circuit (2009).

29) Comcast v. FCC, 600 F. 3d 642, U. S. Court of Appeals, District of Columbia Circuit (2010).

30) FCC v. National Citizens Committee, 436 U.S. 775 (1978).

31) Brown, Governor of California, et al. v. Entertainment Merchants Association et al., 564 U.S. 564 U.S. 08-1448 (2011).

32) FCC v. Fox Television Stations, Inc., 567 U.S.___(2012).

Libros y artículos

1) La mejor página de Internet es la de la mismísima FCC: www.fcc.gov. Allí podrán encontrar fallos, toda la normativa relevante, resoluciones, doctrina, estudios, novedades, en fin, todo.

2) Jerry Kang, *Communications Law and Policy, Cases and Materials*, Fourth Edition, Foundation Press, 2011. Este brillante académico tiene una página de Internet que es fabulosa: jerrykang.net.

3) Stuart Minor Benjamin, Douglas Gary Lichtman, Howard A. Shelanksi, *Telecommunications Law and Policy*, Caroline Academic Press.

4) T. Barton Carter, Marc A. Franklin, Jay B. Wright, *The First Amendment and the Fifth Estate, Regulation of Electronic Mass Media*, Foundation Press.

5) Tim Wu, *Why Have a Telecommunications Law? Anti-Discrimination Norms in Communications*, 5 J. on Telecom & High Tech. L. 15, 2006.

6) Karl French, *Screen Violence*, Bloomsbury, 1996.

7) Justin P. Hedge, *The Decline of Title II Common-Carrier Regulations in the Wake of Brand X: Long-Run Success for Consumers, Competition, and the Broadband Internet Market*, CommLaw Conspectus, 2006.

8) Christopher S. Yoo, *Free speech and the Myth of the Internet as an Unintermediated Experience*, George Washington Law Review June, 2010.

9) Eve Klindera, *Extending the Scarcity Rationale to Direct Broadcast Satellite*, 66 Geo. Wash. L. Rev. 850, April 1998.

10) Jerry Kang and Dana Cuff: Pervasive Computing: Embedding the Public Sphere, 62 Wash. & Lee L. Rev. 93, 2005.

11) Tim Wu, *The Master Switch*: The Rise and Fall of Information Empires, Knopf, 2011.

12) Kimberly Zarkin, *Anti-Indecency Groups and the Federal Communications Commission, A study in the politics of Broadcast regulation*, The Edwin Mellen Press, 2003.

13) FCC 2010 Quadrennial Regulatory Review, MB Docket No. 09-182. Disponible en www.fcc.gov.

14) FCC 2006 Quadrennial Regulatory Review, MB Docket No. 06-121. Disponible en www.fcc.gov.

Estudios científicos citados en el fallo sobre videojuegos (*Brown, Governor of California, et al. v. Entertainment Merchants Association*)

1) Selleck, *Sony PS3 Launching 50 3D-Capable Video Games in the Near Future*, SlashGear, http://www.slashgear.com/sony-ps3-launching-50-3d-capable-video-games-in-the-near-future-23115866, (Nov. 23, 2010).

2) Sofge, *Why 3D Doesn't Work for TV, But Is Great for Gaming*, Popular Mechanics, http://www.popularmechanics.com/technology/digital/gaming/4342437 (Mar. 11, 2010).

3) J. Blascovich & J. Bailenson, *Infinite Reality: Avatars, Eternal Life, New Worlds, and the Dawn of the Virtual Revolution 2* (2011).

4) Topolsky, *The Mindwire V5 Turns Gaming into Pure Electroshock Torture*, Engadget, http://www.engadget.com/2008/03/09/the-mindwire-v5-turns-gaming-into-pure-electroshock-torture (Mar. 9, 2008).

5) Greenemeier, *Video Game Vest Simulates Sensation of Being Capped,Scientific American*, http://www.scientificamerican.com/article.cfm?id=video-game-vest-simulates (Oct. 25, 2007).

6) Wilson, *The 10 Most Violent Video Games of All Time*, PCMag.com, http://www.pcmag.com/article2/0,2817,2379959,00.asp (Feb. 10, 2011).

7) Lah, *"RapeLay" Video Game Goes Viral Amid Outrage*, CNN, http://articles.cnn.com/2010-03-30/world/japan.video.game.rape_1_game-teenage-girl-japanese-government?_s=PM:WORLD (Mar. 30, 2010).

8) Graham, *Custer May be Shot Down Again in a Battle of the Sexes Over X-Rated Video Games*, People, Nov. 15, 1982, pp. 110, 11.

9) See Dept. of Commerce, Census Bureau, *Who's Minding the Kids? Child Care Arrangements*, online at http://www.census.gov/prod/2010pubs/p70-121.pdf, Spring 2005/Summer 2006, p. 12 (2010).

10) CNN, *War Games: Military Training Goes High-Tech*, online at http://articles.cnn.com/2001-11-2/tech/2war.games_1_ict-bill-swartout-real-world-training?_s=PM:TECH, (Nov. 22, 2001).

11) Möller & Krahé, *Exposure to Violent Video Games and Aggression in German Adolescents: A Longitudinal Analysis*, 35 Aggressive Behavior 75 (2009).

12) Gentile & Gentile, *Violent Video Games as Exemplary Teachers: A Conceptual Analysis*, 37 J. Youth & Adolescence 127 (2008).

13) Wallenius & Punamäki, *Digital Game Violence and Direct Aggression in Adolescence: A Longitudinal Study of the Roles of Sex, Age, and Parent-Child Communication*, 29 J. Applied Developmental Psychology 286 (2008).

14) Anderson et al., *Violent Video Games: Specific Effects of Violent Content on Aggressive Thoughts and Behavior*, 36 Advances in Experimental Soc. Psychology 199 (2004).

15) Weber, Ritterfeld, & Mathiak, *Does Playing Violent Video Games Induce Aggression? Empirical Evidence of a Functional Magnetic Resonance Imaging Study*, 8 Media Psychology 39, 51 (2006).

16) Polman, de Castro, & van Aken, *Experimental Study of the Differential Effects of Playing Versus Watching Violent Video Games on Children's Aggressive Behavior*, 34 Aggressive Behavior 256 (2008).

17) Policy Statement—*Media Violence*, 124 Pediatrics 1495, 1498 (2009).

www.ingramcontent.com/pod-product-compliance
Lightning Source LLC
Chambersburg PA
CBHW061506180526
45171CB00001B/51